城投再来

地方融资平台如何转型

李奇霖　王言峰　李云霏
|著|

图书在版编目（CIP）数据

城投再来：地方融资平台如何转型 / 李奇霖等著. —— 北京：华夏出版社，2017.2（2023.4 重印）

ISBN 978-7-5080-9098-6

Ⅰ.①城… Ⅱ.①李… Ⅲ.①地方财政 – 融资 – 研究 – 中国 Ⅳ.① F812.7

中国版本图书馆 CIP 数据核字（2016）第305912 号

城投再来：地方融资平台如何转型

作　　者	李奇霖　王言峰　李云霏
策划编辑	张巧云
责任编辑	刘艳静
出版发行	华夏出版社有限公司
经　　销	新华书店
印　　刷	三河市少明印务有限公司
装　　订	三河市少明印务有限公司
版　　次	2017 年 2 月北京第 1 版 2023 年 4 月北京第 8 次印刷
开　　本	720mm×1030mm　1/16
印　　张	12.5
字　　数	160 千字
定　　价	42.00 元

华夏出版社有限公司　　地址：北京市东直门外香河园北里4号　　邮编：100028
网址：www.hxph.com.cn　　电话：（010）64618981

若发现本版图书有印装质量问题，请与我社营销中心联系调换。

| 推荐序 |

城投转型，需要我们做些什么？

管清友

民生证券副总裁、研究院院长

20世纪90年代以来，我国改革汇率制度、设立经济特区、实施可持续发展战略、加入世界贸易组织，经济发生了翻天覆地的变化。在1992～2010年，我国GDP增速持续保持高增长，并于2010年第二季度超过日本，成为仅次于美国的世界第二大经济体。与宏观经济发展相对应的是，我国城镇化进程也以世界瞩目的速度向前推进，农村人口不断向城镇转移，二、三产业向地区经济中心聚集，其背后不仅是经济增长的原生推动，更与地方政府的全力支持密不可分。在严格控制赤字率、地方政府不得直接举债的制度环境下，城市发展衍生出大量基础设施资金需求，获得充足资金以支持地方经济发展成为各级政府发展的瓶颈。在制度约束与经济发展需求双重因素的催生下，城投公司应运而生。

城投公司的"功"与"罪"

自20世纪90年代发展以来，城投公司一方面"享受"地方政府在城市建设方面对融资平台企业的依赖，另一方面却又承受着预算软约束、无度负债的"口诛笔伐"。

旧《预算法》规定之下，地方政府面临财权上移而事权下移的窘迫局面，但以政府名义举债是明令禁止的，通过建立城投公司为各类公益性项目融资，成为各级地方政府所默认而普遍的做法。可以说城投公司的出现及其融资职能的充分发挥，对于2008年之前我国的城镇化建设起到了不可否认的重要支撑作用。而社会关注点逐渐从企业对基础设施建设的支撑，转移到其造成的政府债务问题上。准确地说，是在2008年四万亿投资计划实施之后，积极财政所引导的基建创造出更加强烈的资金需求，城投公司的融资平台作用也在这波浪潮中发挥到了极致。

2010年的地方政府债务审计，首次将城投公司推上了风口浪尖，一时间"借用政府信用"、"预算软约束"等批评不绝于耳。城投公司从以前的默默无闻突然间转变成地方政府债务问题的始作俑者，债务整顿、融资收紧、政企分离一时间成为经济稳定之后的热点问题。然而，任何事情都应该辩证来看，在政府主导基建投融资的制度环境下，城投公司以融资平台的身份缓解了政府的资金问题，成为社会投资不容忽视的支撑力量，而其造成的政府债务规模过快增长、成本过高也是不能抹杀的。

究其原因，还是要回归到制度的不完善上来。

首先，预算软约束造成的债务规模过大、增长过快。城投公司最初均是通过财政资金注入、当地政府委派官员为企业高管的方式成立的，其实就是政府部分职能的延伸。实际运营中，企业需要承接部分现金流创造能力为零或者极弱的公益类项目建设，同时负责为政府其他资本性支出融资，从未进入市场化运营的轨道。其融资规模的快速增长很大一部分还是来自于地方政府资本性支出的扩大、增长加快，另一部分则在于企业本身缺乏实际偿债能力，只能通过不断借新还旧维持企业的正常运转。

其次，要谈一下企业带给地方政府的高成本债务。一直以来，城投公司处于企业与地方附属部门的中间地带，以企业名义奔赴资本市场融资，债务成本往往根据企业信用定价，但这部分资金却要用于无收益或者低收益、回收周期长的基建领域，债务与资产的错配——期限错配、成本收益错配自然存在矛盾之处，加上企业偿债能力依靠的是无法量化的地方政府支持，导致市场要求更高的信用溢价。这也说明，城投公司债务的高成本，根源还在于地方政府不得以通过企业债务的形式获得所需资金，失去了地方政府债务正确定价的途径，如果单从城投公司的角度出发，市场机制下债务成本与风险是成正比的。

说了这么多，并不是为城投公司正名。在实际操作中，城投公司本身缺乏预算约束、过分忽略成本控制，确实进一步加重了债务问题。但解决这个债务问题，是不是简单划清企业与地方政府的界限就可以解决？作为城投命运转折标志的国发〔2014〕43号文给出的答案没有这么简单：正如前文所提，制度的不完善才是造成目前地方政府债务问题的根源。如果没有适当的城市建设投融资体制顺利代替过去的城投融资、代建模式，城投公司就难以自然退出，PPP大概率成为这个新的投融资体制；同时政策层面也鼓励城投公司进行转型。

转型成为稳增长的重要环节

可以说，转型的提出以及实施又遇到一个较为特殊的经济环境。2014年以来，人口周期拐点的负面影响通过房地产投资渗透到经济的各个层面，经济下行压力不断增加。对于地方政府而言，财政收入压力有增无减，即使有了举债融资的职能，收入基数降低的同时，支出规模因为基建扩张也会日益增加。而由过去的城投公司全权负责投融资，到未来的地方政府合理融资，新的体制建成和完善不是一蹴而就的。当前地方政府被动处在一个两难境地：是谨慎地以规范地方政府举债融资为出发点，新增赤字有限，用有限的资金去实现有限的政府性投资，而将经济增长放在第二位，还是继续发挥城投公司历年来形成的投资职能，在基建投资中发挥作用？对于这个问题，国办发〔2015〕40号文做出了回答。显然，任何层面的制度改革是需要以稳定的经济环境为基础的，城投公司转型的完成亦依赖于此。

以2015年5月为节点，城投公司的转型之路，要如何适应当前的经济下行压力？在国发〔2014〕43号文的引领之下，国务院、财政部以及发改委等为一贯听从于地方政府安排的城投公司做出了更为具体化的适应性措施，包括国办发〔2015〕40号文提出的"指导银行贷款为在建项目继续提供资金支持、地方政府债务置换的启动"，以及后续发改委针对特殊领域债券发行的配合措施等。国发〔2014〕43号文给了城投公司"非改即消"这样一个看似决绝的"二选一"境地，而这些后续的适应性政策安排，体现了在以基建投资为稳定经济主要手段的政策环境下，过渡式的城投转型本身也是稳增长的一个重要环节。

转型还需要"地利"与"人和"

有了上层设计，转型的实施还需要合适的金融环境以及有力的实施力度。对于城投公司来说，需要解决的无非是做什么、怎么做的问题，尤其是后者，具体的投融资决策是企业市场化转型的直接反映。2015年以来，直接融资市场的迅速发展、扩容，其实为城投公司的融资转型提供了最大的"地利"条件，这是一个直接、高效并且置企业于各类投资者审视之下的融资工具。市场化的直接融资有助于企业摆脱银行贷款背后的行政管制，但原本弱化的企业本质在这个过渡期间要做好承受投资者层层拷问的准备。

在融资环境优化的支持下，城投公司的转型还需要"人和"。这里的"人"，不仅仅是企业自身，更事关一直以来影响城投公司运转的地方政府。实际上，作为地方政府"附属机构"的城投公司，其转型应该是一个自上而下的过程，只有在地方政府承认并且推动"去行政化"的前提下，首先获得自主决策的空间，才能说其转型实现了真正的开始。当前，地方政府是否真正实现了这一条件，情况可能还不够乐观。在2016年以来的基建实施中，城投公司为公益性项目大规模融资的情况似乎并没有明显改善，实体经济尤其是民间投资的快速下滑在短时间内只能通过基建投资来对冲，PPP还难以完全替代过去城投公司作为主流的投融资模式。在这样的环境下，人们无法预期地方政府能够完全减退对城投公司的"任务指派"，如果还是维持原来政企不分的思路，城投公司不仅难言转型，可能还会积累更多的债务问题。

因此，城投公司转型成功与否，不仅仅是一个体制改革的问题，更关键的还是其中"人和"能不能实现，包括政府和企业在内。政府和企业要想转型成功，从管理理念、运营目标到实际操作的方方面面，都需要从过去的行政化管理向市场化运营转变。在这一过程中，地方政府的积极推动与企业自身运营管理的主动转变，二者缺一不可。

转型也是新型投融资体制的重要组成

在整体信用风险担忧提升的环境下，仅仅依靠货币政策降低企业融资成本，而不形成一个有效的风险定价机制，社会资本主动加杠杆、进入基建领域参与PPP的动力是不足的。在这样的环境下，政府单方面努力吸引私人资本，反而会增加未来的财政支出压力。何不发挥城投公司的优良"历史传统"？

一方面，城投公司长期承接公益性政府项目，对投资收益要求低，与政府供给领域的公益性契合度高。另一方面，城投公司以地方国企的身份与地方政府各个部门沟通的成本低，更容易接受企业投资服务于民生建设的统筹规划。

在国发〔2014〕43号文的强约束下，城投公司完成市场化转型是真命题，但挑战中也有机遇：政府部门供给重点转变，引领城投公司由基建主体转型成为公共服务提供主体，包括养老、医疗、教育、旅游等，以市场化管理的方式，改变过去完全依赖财政资金的政企不分状态，以较低的收益要求、简化的合作沟通流程，助力稳增长政策的实施。

城投公司的重新定位，有助于其完成市场化转型，从而获得更长久的生命力。国发〔2014〕43号文框架重构了城投公司的投融资职能，逐渐厘清了城投公司与地方政府之间的信用关联，有效实现了公司与政府信用隔离。

城投公司转型是促进城市建设新型投融资体制的重要组成部分。一方面有助于发挥国有资产的经营优势，在地方财政赤字压力增大、现有存量资金作用时限短的情况下，盘活存量资产，缓解短期的财政压力；另一方面也有助于引导城投公司在新的经营管理模式下逐步走向自主经营、自负盈亏，在供给侧改革背景下发挥融资优势与低改革阻力优势，实现主营业务从公益性项目到公共投资项目的转移。在此过程中，政府由直接投资者向市场监管者转变，逐步放开市场垄断、营造公平市场环境，通过多元化的投资主体、投资模式实现供给侧改革。

前　言

　　政府投融资平台伴随20世纪政府投融资体制改革、分税制改革出现，受2008年金融危机催化大规模兴起，以"城市建设投资公司（城投公司）"的形式成为全国各省、市城市化建设的绝对主体。20多年的发展历程，可谓"城市兴，城投起"。2014年，国发〔2014〕43号文带动舆论各界纷纷唱起"城投公司即将退出历史舞台"的悲歌，关于城投公司融资收紧、市场化转型等等的话题讨论不绝于耳。想一想这二十余载的发展历程，在浩浩荡荡的城镇化进程中，城投公司所扮演的角色如果只是个简单的融资平台，并以此为理由来否认其存在的必要性，未免有失偏颇。

　　我们先来说一说20多年来城投公司是怎样的一种存在。

初起：体制改革路上的必然产物

　　城投公司出现于20世纪90年代我国由计划经济向市场经济过渡的大背景之下，其发展主要经历了三个时期：

　　（1）投资体制改革：投资主体的去政府化

　　20世纪90年代起，地方政府负责区域性基础设施建设的职能逐渐确定。1988年国务院公布《关于投资管理体制的近期改革方案》，明确"区域性的重点建设工程和一般性的建设工程，由地方承担"，地方可以建立城市投资公司负责政府项目的投融资。这也是城投公司发展的最初的形态。注意，这里企业要负责的是政府项目的投融资,从建立初衷来看,企业并不是简单的一个平台,融资职能更多是配合投资而存在。

(2) 财税体制改革:地方政府收入的先天不足

中央、地方投资职能再分配后,过去与财政包干制配套的财税体制显然不合时宜,最大的问题在于中央财政严重短缺。紧接着,1994年"分税制"改革,将中央和地方的事权与财权重新做了分配,地方政府财权上移,很大程度上解决了中央的权责不平衡。但是,事权分配模糊,中央政府的事权不断下移,地方政府不能举债融资的限制加上有限的财政收入,成了地方政府长时间的难题。

(3) 1994~2008年:城投公司群体逐渐扩大

这期间,地方政府发现,既然可以通过地方投资公司实现建设领域的"市场化",那么项目对应的资金募集由企业实现也是理所应当的了,同时也可解决财政资金困难。自此,以地方投资公司为模板,各级政府纷纷成立"城市建设投资公司"。伴随1990~2008年我国城镇化率由26%一路提高至46%,城投公司为城市发展的基础设施建设提供了大量支持。

发展:饱受争议的基建先锋

2008年对于城投公司来说是一个重要的时间节点。当时,金融危机爆发,中央及时出台四万亿投资计划,一度为城投公司的兴起创造了"天时、地利、人和"。

具体而言,金融危机冲击出口需求,给城投公司创造了莫大的"天时"。2008~2010年,连续两次的发达经济体经济危机,一再挫伤全球经济的增长潜力。虽然资本管制一定程度上缓冲了金融途径的冲击,但全球需求疲弱,我国出口连年负增长,拖累GDP增速由2007年的14.2%降至2009年的9.2%。对冲出口对经济的拖累，投资往往是最快速、有效的"替代马车"。2008年年底，政府提出四万亿投资计划，部署2009～2010年完成，投资领域集中于"铁公基"、保障房、农村基础设施等规模大、上下游拉动明显的领域。如此集中的政府项目投资，财政资金能够投入的规模更显乏力，通过城投公司加"隐性杠杆"也就成了一种默认的做法。

而在过去多年的经济快速增长、居民财富快速累积的基础上，城市基础设施建设尚显不足，这又为城投公司快速扩大提供了"地利"条件。四万亿计划出台之际，国内的基础设施建设依旧存在很大空间。过去十几年城镇化加速实现，造成配套的跨区域以及区域内的基础设施供给不足，四万亿的投资也主要投向"铁公基"等大型建筑项目。具体到各个市级地方政府，新城市建造运动也是此起彼伏。

在监管机构的支持下，地方政府顺利完成加杠杆，这是"人和"。四万亿投资计划配套实施减税计划，使得财力不足的地方政府得以缓解危机。2009年3月，银监会、央行联合公布《关于进一步加强信贷结构调整促进国民经济平稳较快发展的指导意见》，明确"支持有条件的地方政府组建投融资平台"，城投公司的融资功能得到充分放大，仅2009年地方政府融资平台的贷款余额就同比增长70.4%，达到7.38万亿。

当然，政企难分也让城投公司发展备受争议。介于市场主体与政府平台之间的模糊定位，加上缺乏约束的融资行为，使城投公司的扩张饱受争议。2010年底，地方政府性债务中城投公司形成的债务占比47%。这其实侧面反映了财力缺乏的地方政府对城投公司同样存在强烈依赖，因而城投公司长期从事政府投资形成的债务已然等同于政府债务，本质上也是有事实基础的。这就不难解释城投公司信用等同于地方政府信用这一市场预期。

国发〔2010〕19号文印发之后，银行贷款收紧，出于对政府信用担保的信任，社会资金继续通过债券、信托产品、证券和保险业金融机构融资工具等途径，源源不断投向城投公司。显然，只要地方政府不能正规融资，只要财政收支缺口存在，市场对于城投公司债务的"政府化"就存在坚定的信仰。也难怪各路资金不遗余力地追捧城投公司。不过企业在种种建设任务的重压下也有急切的融资需求，一方愿意借，一方愿意贷，从这个角度来说，市场也算是一种均衡。到了2013年6月，地方政府债务第二次审计时，地方政府性债务中通过城投负有的高息债务占比仍然超过35%。

现状：国发〔2014〕43号文并非"终结者"

2014年新《预算法》落实，国发〔2014〕43号文为城投公司充满争议的高速扩张之路画上句号，未来城投公司何去何从，一时间成为舆论热点：是继续存在还是退出历史舞台？要回答这个问题，需要重新审视曾经创造"城投兴"的三因素发生了怎样的变化？客观环境是否已经决定城投公司没有存在的价值？在笔者看来，答案应该是否定的。

首先，经济增长压力更多是在内部。危机之后发达经济体持续宽松政策刺激全球经济弱企稳，外需逐渐稳定，真正的风险因素由外转内：制造业深陷产能过剩泥沼、房地产结构性拐点确定，基建因为过去的四万亿投资空间大幅缩减，经济增长需要通过结构调整找到新的发力点。在实体经济疲弱之际，政府投资不能跟着熄火。实际上，2016年的宏观政策也确实由积极的货币政策转向积极财政为主，稳健的货币政策为辅。

其次，城镇化的进度放慢，但累积的公共服务需求具有极大投资空间。过去的政府投资映射了大量农村人口向城市转移过程中硬性基础设施的不足，随着城镇化过程的放缓，稳定的城镇居民人口对于公共服务的需求开始凸显，城市基础设施的需求只是由"硬件"转向了"软件"，但并没有终止。

再次，财税改革、土地出让减收，地方政府财力还在减弱。赤字率的约束下新增债务对支出计划的支持力度有限，同时存量债务累计15.4万亿（截至2014年），债务本金可以置换，但利息支出以及负有救助责任的二、三类债务仍会进一步侵蚀地方政府的支出空间，地方政府依然面临严峻的资金压力。

最后，私人资本在公共服务领域的参与度有限。国发〔2014〕43号文确定，未来的投资通过地方政府债或者PPP的形式引入社会资本实现，但私人资本参与公共服务领域PPP的空间并不大。如教育、医疗、养老等这些在城市发展中从未被满足却一直被忽略的领域，在发展初期大概率是公益性为主而营利性缺乏，一般企业不得不忍受风险溢价抬高的融资成本，对其参与度自然不能抱有太高的期望。

公共服务产品依然属于低收益投资领域，而私人资本的经营收益目标是参考竞争市场的水平，后者显然高于政府项目能够创造的收益，导致私人资本对政府政策、财政补贴提出更为苛刻的要求。经济下行、私人资本的信用资质整体下沉，相比于地方国企的城投公司，其在融资成本、融资途径方面不具备优势，企业的财务成本将进一步转嫁给地方政府。另外，如果地方政府出于政策压力，以高收益吸引私人资本进入PPP，本身又构成了对市场资源的挤占。

由此看来，未来退出历史舞台并不是城投公司的最终归宿，而应该是转型走进一个新的时代，告别"空心"的平台性质，在被动政策约束和主动谋求出路过程中，继续在城市建设投资中寻找合适的定位。

转型：准定位、立信用、化债务

整体上，城投公司要完成市场化转型，主要面临的阻力来自于以下三个方面：

（1）企业定位的转变：过去的城投公司是政府投资体制的产物，公司的投融资决策均体现了政府意志。当退去政府平台的角色，必须改变过去的管理思维，在投资项目、融资途径、企业经营各个层面实现市场化思考。

（2）企业信用的建立：城投公司盈利能力有限，稳增长压力下，还存在政府任务摊派的现象，新增公益性项目无异于雪上加霜，以现有企业资质建立起企业信用是一个难题及要题。进一步享受资本市场发展的红利，不再凌驾于市场之上，不断完善企业的信息公开、接受市场化的企业信用定价，也是企业市场化转型的必要步骤。

（3）企业债务的化解：城投公司存量债务未来需要以企业现金流偿还，与政府信用脱钩，偿债资金从何而来是最大难题，即便采用借新还旧也需要以良好的企业信用为前提。从目前地方政府债务置换、融资环境相对"宽容"的情况看，城投公司的偿债压力通过借新还旧、债务置换顺利地实现了"以时间换空间"。

其实，上述三个问题中的债务问题，已经在 2015 年启动的地方政府债务置换、融资环境适度放松中得到了有效缓解，既然倒逼企业短时间还清债务不现实，选择"以时间换空间"也是有效方式之一，同时也可实现对过去债务期限错配的"拨乱反正"。

那么，剩余的两个问题有怎样的解决方案？如何在第三个问题缓解的基础上加快另外两个难题的化解？这正是本书试图探讨的内容。

目 录

第1章 城投公司的前世今生 （1）
历史激荡的必然产物 （3）
城投公司职能随时代变更 （9）
国发〔2014〕43号文的重新定位 （14）

第2章 探究城投公司的弱点 （17）
地方政府的"义子" （19）
新定位：融资职能的最大化 （21）
政策风险是最大变数 （27）
转型之路漫漫 （30）

第3章 城投公司的涅槃 （37）
城市建设的投融资"主角" （40）
国有资产经营先锋 （42）
准市场化特征不断呈现 （49）

第4章 新型投融资主体重塑 （53）
政府投资职能的国际经验 （55）
投资领域的重新洗牌 （59）
投资模式的规范与创新 （69）

第5章 规范中谋求融资创新 （81）
间接融资占据重要地位 （83）
直接融资成为后起之秀 （85）
基金类产品蓬勃发展 （100）
海外融资异常突起 （107）

第 6 章　国有资产经营的领军先锋 …………………………（113）
　　盘活存量资产迫在眉睫 ……………………………………（115）
　　国有资产经营模式创新 ……………………………………（128）
　　深挖国有资产商业价值 ……………………………………（134）

第 7 章　阵痛中的救赎与创新 ……………………………（137）
　　开拓经营业务的阻力与动力 ………………………………（139）
　　金融控股逐渐盛行 …………………………………………（145）
　　产业投资的探索 ……………………………………………（152）
　　产业投资的风险 ……………………………………………（161）

第 8 章　城投转型与城市投融资新体制 …………………（167）
　　城投成功转型的探索 ………………………………………（169）
　　实际转型操作中不容忽视的难题 …………………………（172）
　　基于城投转型的城市建设新格局 …………………………（175）

后　记 ………………………………………………………（178）

第1章
城投公司的前世今生

历史激荡的必然产物

城投公司成立于20世纪90年代初,先后经历了地方政府投资体制变革、分税制改革后中央与地方关系重构等重大历史变革,随着地方政府财权、事权的变化,企业形式不断丰富,职能定位亦从最初的国有产权管理、资本经营或城市投融资建设逐渐集中为地方政府投融资平台,且在积极财政的推动下,融资职能得到不断放大。

城市投融资体制市场化改革

改革开放以来,我国的投资体制经历了三次比较大规模的改革。20世纪80年代之前,基础设施作为城市固定资产的一部分,其建设是典型的财政主导,通过公共财政预算计划安排,采用财政直接投资。基础设施建设项目列入基本建设项目，投资列入财政支出预算，建设部按照计划进行建设。基础设施投资不仅取决于国家和城市的财政状况，还取决于国家和城市的投资政策和计划安排。

1979年之后，基础设施建设投资开始由财政拨款改为银行贷款，国债作为基础设施建设融资的工具。20世纪80年代至90年代初，地方政府开始作为投资主体，由财政税收与行政收费并行投资基础设施建设。国家设立新的税种，提高税率，增加城市的财政收入，并实行专款专用。一些城市开始对基础设施收费，如过桥费、过路费、增容费等，以筹集资金用于桥梁、道路之类建设。甚至有一部分城市小规模试点，尝试提高公用事业服务的收费，如提高车票价、水费、电费等，同时各城市首次利用外资进行城市建设。

20世纪90年代初期开始的地方政府投融资体制改革决定性地推动了城投公司的诞生。1992年邓小平南行讲话之后，我国投融资体制改革继续深化，根据党的十四大提出的"建立社会主义市场经济体制"要求，向"以市场为取向"的方向转变，陆续推出一些新的改革举措，开始实行建设项目法人责任制，提出"竞争性项目投资由企业自主决策，自担风险，所需贷款由商业银行自主决定……基础性项目建设要鼓励和吸引各方投资参与。地方政府负责地区性的基础设施建设，国家中央建设项目，按照统一规划，由国家开发银行等政策性银行，通过财政投融资和金融债券等渠道筹资，采取控股、参股和政策性优惠贷款等多种形式……社会公益性项目建设，要广泛吸收社会各界资金，根据中央和地方事权划分，由政府通过财政统筹安排"。这为法人企业参与城市基础设施投融资埋下了伏笔，也是城投公司成立的合理依据。

1992年，上海市建设投资开发总公司（下文简称"上海建投"）成立，上海市成为全国第一个通过政府设立法人企业参与城市建设的地区。经上海市人民政府授权，上海建投主要从事城市基础设施投资、建设和运营，定位为一个大型专业投资产业集团公司，主要功能是进行城市规费资金运营。上海建投一度以政府信用为依托，以10亿元城市规费的财政资金为杠杆，充分发挥财政资金的放大效应，为当地基础设施建设募集各类资金，其来源包括银行贷款、对外发行债券股票和土地批租收入等。初期上海建投的资金募投领域涉及路桥、水务、置地和环境四个方面，所募资金参与了杨浦大桥、青草沙原水工程、苏州河环境综合整治工程和上海新城厢等项目的融资和建设，体现出城市高速发展阶段对于大型公益性基础设施的需求。

命运转折点：分税制改革

1994年分税制改革是确定"市场化为取向"的地方投融资体制的重要节点，此次改革基本形成了后续20余年中央与地方稳定的收入、支出分配关系（表1-1）。

表1-1　中央与地方财政收入的具体划分

	中央固定收入	地方固定收入	中央财政与地方财政共享收入
内容	关税、海关代征消费税和增值税，中央企业所得税，非银行金融企业所得税，铁道、银行总行、保险总公司等部门集中交纳的收入（包括营业税、所得税、利润和城市维护建设税），中央企业上交利润等。外贸企业出口退税，除现在地方已经负担的20%部分外，以后发生的出口退税全部由中央财政负担。	营业税（不含银行总行、铁道、保险总公司的营业税），地方企业所得税，地方企业上交利润，个人所得税，城镇土地使用税，固定资产投资方向调节税，城市维护建设税（不含银行总行、铁道、保险总公司集中交纳的部分），房产税，车船使用税，印花税，屠宰税，农牧业税、耕地占用税，契税，遗产税和赠予税，房地产增值税，国有土地有偿使用收入等。	增值税、资源税、证券交易税。增值税中央分享75%，地方分享25%。资源税按不同的资源品种划分陆地资源税作为地方收入，海洋石油资源税作为中央收入。证券交易税，中央和地方各分享50%。

1. 中央与地方事权和支出的划分

中央和地方之间财力分配以财权与事权相统一为原则，中央财政支出包括国防、外交、武警、重点建设（包括中央直属企业技术改造和新产品试制费、地质勘探费)、中央财政负担的支出和内外债还本付总以及中央直属行政事业单位的各项事业费支出;地方财政主要承担本地区政权机关运转所需支出以及本地区经济、事业发展所需支出,具体包括地方统筹的基本建设投资、地方企业的技术改造和新产品试制费、支农支出、城市维护和建设费以及地方各项事业费支出。

2. 中央与地方财政收入的划分

按照税种划分中央与地方的收入:将维护国家权益、实施宏观调控所必需的税种划为中央税;将同经济发展直接相关的主要税种划为中央与地方共享税;将适合地方征管的税种划为地方税。

通过这些改革,中央与地方直接组织财政收入的格局发生较大变化。按体制测算,中央财政直接组织的收入占到全国财政收入的60%左右,中央财政支出占40%左右,还有20%的收入向地方转移。分税制改革集中解决了中央政府与地方之间的财政关系,重点对财权进行了重新分配,相比之下政府间的事权划分并不明确,财权上移而事权下移的趋势未能改变,即地方政府以50%的财政收入承担了85%的支出责任。尤其是在市场经济加速发展时期,城镇化速度加快、居民财富增加衍生出对城市基础设施的庞大需求,无疑增加了地方政府的支出压力。

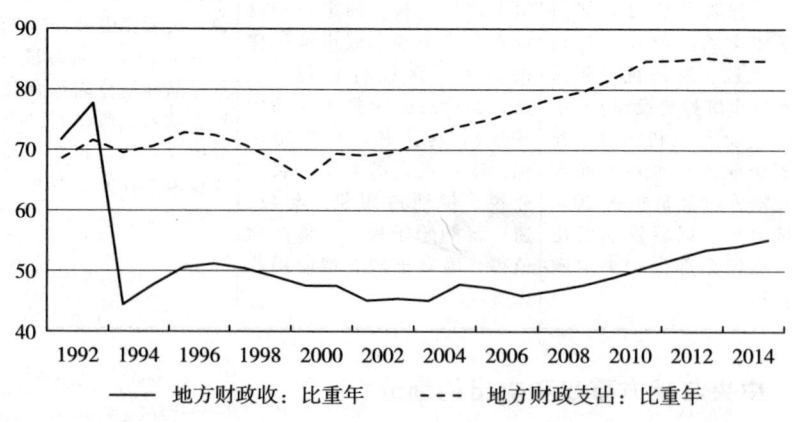

图1-1 中央和地方政府的支出对比(1992~2014年)

中央、地方收入结构的重新确立，间接推动城市建设投融资体制向市场化转变。假设地方政府能够分配更多的资金或者具备融资职能，城市基础设施建设资金会形成以财政资金和政府负债为主要资金来源的融资模式。地方政府成为融资主体后，投资责任由政府全权负责向市场主体转移也将会是一个缓慢的过程。收入结构调整、地方政府财权上移的同时又承担了更重的投资职能，收支缺口不断扩大，地方政府不得不加快将投资职能转移给市场化主体。但在经济高速增长的上行周期中，实体经济的高回报率导致公益性的基础设施建设缺乏真正的市场化参与主体，融资问题更是亟待解决，在这样一个特殊的制度背景下，城投公司应运而生。

在金融危机中寻找光明

制度上的变迁是城投公司萌芽的客观条件，而依托于基础设施建设的财政政策又让城投公司明显区别于一般生产性企业。一般企业往往伴随经济的高涨而扩张，而城投公司则在经济下行周期中快速扩大。1997年的亚洲金融危机、2008年的国际金融危机，为对冲外部冲击、稳定经济增长而实施了宽松财政政策，政府投资需求的扩张在城投公司数量和规模明显增加上得以体现。

2008年金融危机爆发，中国出口受拖累，国家采取积极财政措施，对全国城投公司产生了明显的影响。

2009年3月，为应对国际金融危机，央行和银监会联合提出："支持有条件的地方政府组建投融资平台，发行企业债、中期票据等融资工具，拓宽中央政府投资项目的配套资金融资渠道"，由此拉开城投公司加速扩张的序幕。地方政府不断集中资源，将财政资金、划拨的土地、国有股权乃至学校、公用地块等，都纳入到融资平台的资本金之中，做大企业规模，继续强化国资公司、城投公司、开发投资公司等融资平台的功能。根据银监会统计，截至2009年年底，地方政府建立了大约

8000多家各种形式的融资平台，而2009年一年时间就新增2000多家。根据2008年到2010年间的城市基建投资数字，2010年城市基础设施建设固定资产投资完成额为64808.03亿元，相比2007年增加106.65%；固定资产投资本年施工项目计划总投资额为522161亿元，相比2007年上涨99.82%；城市市政公用设施建设固定资产投资额为14293.6亿元，相比2007年增长127.48%。城市基础设施建设项目纷纷上马，基建投资额大幅提升。2010年城市市政公用设施建设固定资产投资中，地方政府财政拨款为4465.6亿元，占全部投资的31.24%，这一投资额占当年地方财政收入的11.00%。

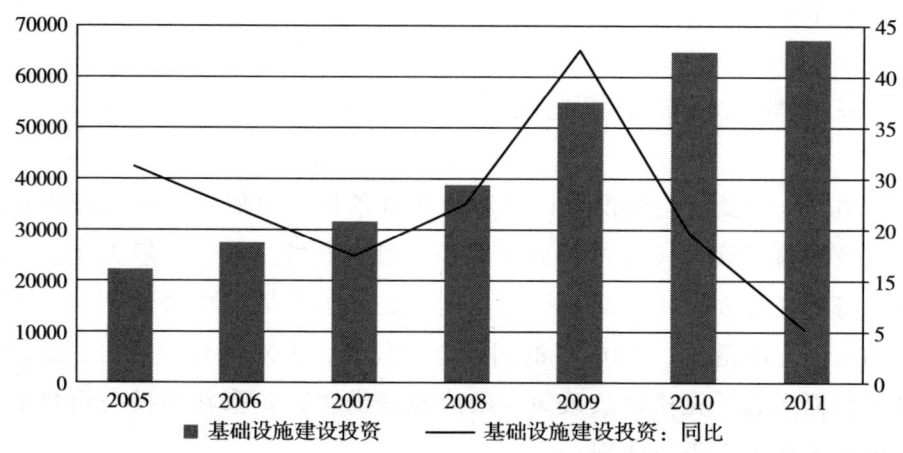

图1-2　2009~2010年固定资产投资规模放量

在积极财政刺激下，各地城市建设项目纷纷展开，2008年到2010年，城镇50万元以上新开工项目数分别为257 075个、339 795个、329 321个，2008年和2009年的同比增长率分别为11.03%和32.18%。

表1-2　金融危机期间我国的固定资产投资

年份	新开工项目（个）	施工项目计划总投资额（亿元）	城镇50万元以上新开项目（个）
2007	1364011.00	261310.00	231531.00
2008	1510390.00	313594.13	257075.00

续表

年份	新开工项目（个）	施工项目计划总投资额（亿元）	城镇50万元以上新开项目（个）
2009	2122904.00	420141.00	339795.00
2010	2061854.00	522161.00	329321.00
2011	2065843.00	632120.57	327348.00

城投公司职能随时代变更

在城投公司20多年的发展历史中，伴随着宏观政策变化、地方政府事权范围的延伸，其职能也在不断变化。总的来说，在地方政府的指导下，最初成立的城投公司融资与投资职能是并重的。2008年之后，政策放松加上支出负担过重，不仅省、市级政府赋予已有城投公司更多的融资职能，各市、县级地方政府也纷纷通过设立新的融资平台募集建设资金，城投公司的平台性质远远超过企业性质。本节以具备公开资料的城投公司为例，说明其承担的职能变化。

2008年之前："我为政府代言"

1994年之后，我国的城市化进程飞速发展，城市化率从1994年的28.5%增长到2014年的54.8%，城镇人口将近7.5亿。如此规模庞大的城镇人口扩张需要配套的基础设施投入，城市的建设过程中政府的投资职能尤其突出。在分税制改革前后，有不少地区成立了类似城投公司的企业，但不同于现在人们所认识的投融资平台。

20世纪90年代之前，各个省市陆续成立具有城市建设投资职能的公司，其突出特点是以某一具体领域的投资为主，最多的要数交通运输类投资集团，包括高速公路、市政道路以及轨道交通等，还有城市供水、供热、管道建设等，根据职能不同，公司的实际控制人分散在地方

城投再来

政府下属的各个部门，如交通厅、环保局等，公司的职能和投资领域从公司名字就能够进行初步的区分。

表1-3 20世纪90年代前具有城市建设投资职能的公司及其主要业务

城投公司	成立时间	主要业务
北京市基础设施投资有限公司	1981年	主要从事北京市轨道交通等基础设施项目的投融资、资本运营，并延伸到轨道交通沿线土地一级开发，二级开发，高速铁路投资，城中村改造和信息基础设施等相关领域。
深圳市水务（集团）有限公司	1981年	主要业务包括自来水生产及输配业务、污水收集处理及排放业务、水务投资及运营、水务设施设计及建设等。
天津市自来水集团有限公司	1981年	主营业务包括自来水供应及工程安装，其他还包括设备安装、配套服务建设、管材管件制造销售等。
南京市江宁区自来水总公司	1982年	城市自来水生产供应、污水处理和水务工程等。
九江市城市建设投资有限公司	1982年	城市基础设施建设、土地开发整理、保障性住房建设等。
成都市公共交通集团有限公司	1983年	业务板块主要由公交客运业务、出租车业务和广告业务三大板块构成。
深圳市市政工程总公司	1983年	主要从事城市路桥，给排水，地铁及轨道交通，工业与民用建筑，高速公路，水利水电，机电设备安装等施工，兼营工程检测，建筑材料研发及生产销售，运输物流，物资贸易等。
郑州市热力总公司	1984年	主要业务包括供热服务业务，市政工程业务及其他业务，工程设计等业务板块，其中供热服务包括提供供暖、热水、蒸汽等；工程业务包括热力工程设计，施工等。

到了20世纪90年代，各地成立的城投公司不再只是负责单个领域的投资、运营，开始向城市建设投资的职能靠拢，公司的主要业务涵盖土地开发、基础设施建设、国有资产运营这一城市投资的上下产业链，其中基础设施主要集中在地上空间，包括市政公路、居民公共区域、土地开发等城市活动开发领域，公司的业务分布更接近现在人们所认知的一般投融资平台，该类型的城投公司最先在各大省会城市以及部分地级市成立，符合城镇化进程大幅度加快、居民向一二线城市聚集的大背景。

以上海、天津的城投公司为例，可以看到，这个时期的城投公司不仅以"城市建设投资"为主要职责，也起到了弥补地方政府财政缺口、完善城市投融资体制建立的历史作用。

依然以上海建投为例。2003年5月起，该公司从上海市建设和管理委员会划入市国有资产监督和管理委员会。公司主营业务分为四大部分：**路桥部分**主要负责上海市道路、桥梁、隧道等大型市政设施的投资、建设、运营、管理；**水务部分**作为上海供排水投资运营的主体板块，承担中心城区和部分集约化郊区的原水与自来水供应、排水防汛和污水处理的职责，对上海供排水基础设施投资、建设、运行、经营实施全面管理；**环境部分**主要负责生活垃圾等固体废弃物的清运处置业务，以及重大环境治理与保护项目的组织实施，环境基础设施项目的策划、开发、投资、建设和运营管理，郊区融资平台（DFV）的设立与管理、环境项目的资产运作与管理等，旨在为城市生活垃圾处理提供全方位、全过程管理服务和推动环境产业发展；**置地部分**主要负责上海市城投房地产板块的建设和管理任务，业务涵盖城市化成片土地开发、旧区改造与历史风貌保留保护、中低价配套商品房为主的商品房建设以及置业管理服务等四个方面。

成立之初，上海建投的作用主要在于融资，上海中环线工程是公司发展历史中一个具有里程碑意义的项目。以该项目为起点，上海建投开始从单一的政府融资平台发展成为政府投融资主体和重大项目建设主体。中环线是2003年正式开工的市政项目，建设规模约140亿元，为当年上海建设中心城区道路交通骨架网的组成部分，以客运交通为主，分担内外环线交通流量。全线长约70千米，设置双向八车道。上海市第一个实行市场化运作方式建设的大型城市道路工程，其前期设计、施工全面实行公开招投标，以提高投资效益。同时上海建投和上海地产集团合资成立项目公司——上海中环线建设发展有限公司，专门负责中环线项目的融资、建设和还贷。中环线项目公司是一个封闭运作的项目公司，政府在项目早期投入40亿元作项目资本金（其中20亿元是牌照拍卖费），另由上海城投和上海地产集团各出资7亿元，构成总计54亿元的项目资本金，其余建设资金由项目公司融资。由于中环线不收费，项目建成后由政府分年度拨入财政资金，进行市场融资部分偿还，直到贷款还清为止，当时规定是每年5亿元。中环线（浦西段）工程是路桥事业部（上海城投）以建设单位身份承建的第一个公益性市政基础设施项目，也是上海有史以来，在城市化区域内投资建设的规模最大的市政基础设施项目。

天津市城投公司也经历了相似的发展历程。2004年6月，天津市市委、市政府决定组建天津城市基础设施建设投资集团公司（以下简称"天津城投集团"）。天津城投集团作为承接国家开发银行500亿元城市基础设施大额贷款的融资主体，负责海河、地铁、快速路和城市环境等重大基础设施项目建设，下辖海河公司、地铁公司、道路管网公司和环境公司，与国开行四大债项相对应，搭建了一个"以市场为导向、责权利统一、借用还一体，能够实现公司化、资本化运作"的城市基础设施融资平台和投资主体，主要业务为以自有资金投资、建设、运营管理海河综合开发改造、地铁、城际铁路、城市路桥、高速公路、污水处理、供水、供热、垃圾处理、停车场（楼）、地下管网、公园绿地等城市基础设施及配套项目，政府授权的土地整理、区域开发；历史风貌建筑的保护性建设、开发与经营；房屋建筑和市政公用类工程项目管理；投资策划；企业管理咨询；市场建设开发服务；自有房屋租赁；基础设施租赁以及公用设施项目开发经营；经政府授权进行基础设施特许经营；建设投资咨询。

具体以天津市地铁二、三号线项目为例，项目投资规模为230亿元，配套资金筹集方案为国家开发银行贷款105亿元、地铁公司自筹125亿元。主要融资方式如下：一是财政每年安排专项资金4亿元，连续安排5年计20亿元；二是通过商业化运作融资，充分挖掘地铁沿线地价升值潜力，策划好经营性房地产项目和附属商业项目的开发经营，通过出让转让经营性项目的股权、产权获取配套资金30亿元；三是采用融资租赁模式，通过设备租赁方式实现融资10亿元；四是采用负债融资模式，通过预期票款收入的质押向金融机构借贷20亿元；五是进行项目融资，通过BT、发行企业债，集合信托筹集短期资金；六是通过PPP模式，结合经营性房地产项目和附属商业项目的开发经营吸引私人资本，进行合作投资和经营。

金融危机后：融资职能不断放大

2008年9月，国际金融危机全面爆发后，国内经济也受到明显冲击，经济增速快速回落，出口出现负增长，经济面临硬着陆的风险。基于此，我国于2008年11月推出了进一步扩大内需、促进经济平稳较快增长的十项措施，投资额达四万亿元。随后不断完善应对国际金融危机的政策措施，逐步形成应对国际金融危机的一揽子计划，实施积极财政政策。

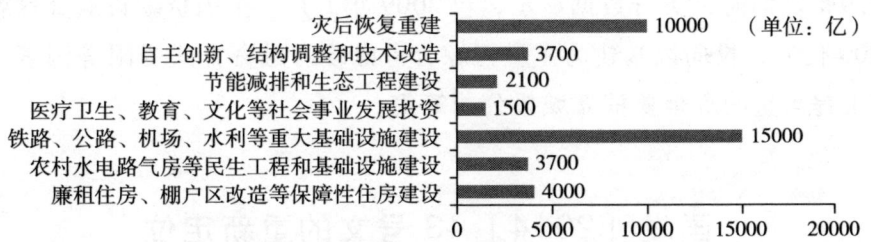

图1-3 四万亿投资具体投向及其金额

其中四万亿元投资的资金来源，除新增的中央政府投资1.18万亿元（包括中央预算内投资、中央政府性基金投资、中央政府其他公共投资和灾后重建基金等）外，其余部分主要通过地方政府投资、企业投资、银行贷款及其他社会投资（包括民间投资）等方式筹集。为了帮助地方政府和企业筹措配套资金和项目资本金，中央政府有关部门采取了以下三项措施：①中央财政代地方财政增发2000亿元国债；②银行发放部分期限较长、利率较低的特种贷款用于特定项目建设；③利用地方投融资平台发行部分企业债券。

政府分三年投入共 11800 亿元（其中 2008 年 1800 亿元、2009 年 5000 亿元、2010 年 5000 亿元），以此带动四万亿的投资。投资方向以城市基础设施投资为主，包括受灾城市的灾后重建以及其他城市的进一步发展建设，用政府基建支出创造投资和就业，推动经济复苏。在 2008 年后的几年中，国家经济发展滞缓，但是城市基础建设工作取得了重大的发展。根据 Wind 数据，2008 年，全社会固定资产投资资金来源构成为：5.07% 来自于国家预算内资金，15.71% 来自于国内贷款，1.85% 来自于外资利用，而其他 77.38% 全部来自于自筹和其他资金。人民银行发布的《2009 年金融机构贷款投向统计报告》显示，2009 年全年，主要金融机构基础设施主要行业的本外币中长期贷款累计新增 2.5 万亿元，年末余额同比增长 43.0%。其中，水利、环境和公共设施管理业中长期贷款余额同比增长 85.2%，交通运输、仓储和邮政业中长期贷款余额同比增长 40.1%，水电气的生产和供应业中长期贷款余额同比增长 14.9%。同时，央行数据显示，仅 2009 年 1 月，全国贷款投放金额就有 8900 亿元，投向以基建为主。再综合考虑政府融资方式受限等因素，基建工程大量的资金要依靠城投公司筹集。

国发〔2014〕43 号文的重新定位

2014 年年底，随着新《预算法》修订的完成，城投公司长期承担的地方政府职能面临终结。2014 年 10 月底，国务院发布《国务院关于加强地方政府性债务管理的意见》（国发〔2014〕43 号），表示要加快建立规范的地方政府举债融资机制，对地方政府债务实行规模控制和预算管理，控制和化解地方政府性债务风险，完善债务报告和考核问责等配套制度，并妥善处理存量债务和在建项目后续融资……明确"剥离融资平台公司政府融资职能，融资平台公司不得新增政府债务。地方政府新发生或有债务,要严格限定在依法担保的范围内,并根据担保合同依法承担相关责任。地方政府要加强对或有债务的统计分析和风险防控,做好相关监管工作。融资平台不得新增政府债务,地方政府后续举债,要么通过发行地方政府债券,要么通过政府与社会资本合作模式(即PPP模式)"。

政策的变化将城投公司置于新的历史转折点,无论是参与投资还是融资都将发生巨大变化。对于单独承担融资职能的具有平台性质的城投公司,其职能直接被地方政府发行债券取代,企业存在的意义即将消失,将会直接关停;投融资一体的城投主体则面临市场化转型的必然选择,将以市场化主体的身份参与城市建设。鉴于此,国发〔2014〕43号文提出,"推广使用政府与社会资本合作模式。鼓励社会资本通过特许经营等方式,参与城市基础设施等有一定收益的公益性事业投资和运营"。政府与社会资本合作的投资模式下,城投公司如果要继续参与基础设施建设,需要在市场化的基础之上,进一步通过理清政府与企业之间的权责关系,规范盈利模式。政府可以通过特许经营权、合理定价、财政补贴等事先公开的收益约定规则,使投资者获得与投资风险匹配的相对稳定的长期收益。政企合作中,投资者按照市场化原则出资,按约定规则,独自或与政府共同成立特别目的公司建设和运营合作项目。投资者或特别目的公司可以通过银行贷款、企业债、项目收益债券、资产证券化等市场化方式举债并承担偿债责任。政府并不承担投资者或特别目的公司的偿债责任。

国发〔2014〕43号文对于城投公司的重新定位,导致后续针对城投公司的融资监管出现不同程度的收紧,主旨是在存量债务甄别的基础上,理清城投公司新增债务与地方政府的关系。一方面城投公司曾因为承担公益性基础设施建设而负担的大量地方政府债务需要逐步置换为地方政府债券;另一方面,在增量上,不同监管机构,包括发改委、证监会以及交易商协会,均以控制城投公司债务风险为出发点,加强未来企业发债的资质审核,城投公司要告别预算软约束、无序融资的时代。政策倒逼之下,城投公司不得不重新审视企业的生存与发展,突破重重阻力实现市场化的转型,重新出发参与新的投资和融资。

表1-4 加强城投公司监管的相关政策及主要内容

政策	主要内容
《国务院关于加强地方政府性债务管理的意见》(国发〔2014〕43号)	剥离融资平台公司政府融资职能,融资平台公司不得新增政府债务。地方政府新发生或有债务,要严格限定在依法担保的范围内,并根据担保合同依法承担相关责任。
发改委《关于全面加强企业债券风险防范的若干意见》(2014年9月26日)	从资产质量、偿债资金和地方政府性债务风险等多个方面新增了城投公司的发债准入审核条件。提高发行主体的资产负债率标准,将城投公司发债条件与地方政府负债情况与当地GDP比例相联系。
发改委《企业债券审核新增注意事项》(2014年10月15日)	提出了9大类审核内容、23项重点审核事项,并要求申请发企业债的企业按要求补充相关资料和数据,不再要求地方政府出具债券偿债保障措施文件。
发改委《关于进一步改进和规范企业债券发行工作的几点意见》(2015年2月17日)	企业发行企业债券应实现企业信用和政府性债务、政府信用的隔离,不能新增政府债务。该文件延续了国发〔2014〕43号文以来对于城投公司发债的严格管理。
《关于加强企业债券回购风险管理相关措施的通知》(中国结算发字〔2014〕49号)	中证登加强企业债券回购风险管理。严格限制新增准入企业债回购资格,暂不再受理企业债回购资格申请,已取得回购资格的企业债也暂不得入库,即便地方政府性债务甄别清理完成后,对于纳入地方政府一般债与专项债预算范围的企业债,也继续维持前述限制回购准入标准。
证监会《公司债券发行与交易管理办法》(2015年1月16日)	本办法规定的发行人不包括地方政府融资平台公司。在具体执行中,对平台公司的把握尺度仍然有一定空间。
交易商协会《关于进一步完善债务融资工具注册发行工作的通知》(2014年12月1日)	总体原则是不新增地方政府债务、募投项目应为具有经营性现金流的非公益性项目,并明确规定要参考审计署、银监会以及财政部的融资平台名单,并以此进行排除。

第 2 章
探究城投公司的弱点

地方政府的"义子"

理论上，城投公司作为独立的法人企业，应以独立运营、自负盈亏为经营目标。即使投资领域偏公益性、项目收益率不高，但通过合理的融资安排降低融资成本，在与政府签订规范的委托代理协议并保证投资回报的情况下，仍然具备长期经营能力。但实际情况是，从最初的公司成立、管理人员设置，到后续的经营领域安排以及投融资决策，城投公司各个方面都由地方政府作为实际控制人，往往通过政府文件或会议纪要等形式被确立。浓重的行政色彩令城投公司几乎不具备也不需要自我决策的能力，以接受政府下达的任务为主，成为社会眼中独特的市场主体，具体体现在：

1. 政府通过资金或者资产的注入提高企业的融资能力

企业要在城镇化不断加快的过程中保持足够的融资能力，需要不断扩大自身规模。《证券法》规定，企业公开发行债券余额累计规模不得超过净资产的40%。对于一般企业而言，净资产的扩大主要依赖利润增加，城投公司最初的净资产来自地方政府的资金注入，由于不具备实际的盈利能力，后续的规模扩张也只能依赖地方政府不断地注入资产或者资金。以江苏省无锡市某城投公司（以下简称A公司或发行人）为例，它是所在区公有资产管理委员会（以下简称B单位）的独资控股公司，公司的主要职责是在全区的规划建设中负责土地整理开发、基础设施建设和运营管理。它2009年成立，2010~2014年先后获得区内政府部门5次增资，资本金从成立之初的10亿元扩大至34亿元，大幅度提高了企业在银行贷款以外的融资能力。

A公司获得的是正规的现金注资，还有不少地方在不具备充裕资金的情况下，退而求其次地向城投公司注入类似于公园、医院、土地等纯公益性资产，以达到扩大规模的目的。《2015年黄石市城市建设投资开发公司企业债券募集说明书》披露，"2013年12月31日，发行人净资产为2013932.21万元，其中属于行政事业单位的资产合计324174.82万元，属于公益性资产范畴，扣除该资产后公司净资产为1689757.39万元。发行人将按照合理程序择机处置上述行政事业单位资产，拟由黄石市政府以不低于原有价值的经营性资产将其置换"。这其中提到324174.82万元的行政事业单位的资产不属于有效资产，不仅在核算企业债券发行规模时需要扣除，还需按照规定进行相应的置换。

2. 企业管理相当于政府部门的"影子"

上文提到的A公司的总经理、财务总监均在政府部门有兼职单位，其中总经理兼职单位为镇人民政府，财务总监兼职单位为镇财政所，这在全国也属普遍现象。在地方政府或者相关部门作为直接出资人的城投公司内部，政府官员直接担任企业负责人的角色，其实就是一套人马，两套班子，这是为了最直接地实现政府对城投投融资的指导安排。由于建立之初就充满行政管理的色彩，因此城投公司与一般企业相比，缺乏相应的经营自主性，其相关的经营计划、人事安排以及发展规划都要受到地方政府的干预和控制，具有明显的政府行为特征。

3. 企业经营的最大意义在于协助完成地方政府的考核目标

作为城投公司，能够持续经营下去依靠的不是经营实力，而是地方政府的支持，这种支持不仅仅是短期看得到的财政补贴、资产划入，更重要的是地方政府对城投的需要——重大基建项目的指派、固定融资任务的下达。上文提到的 A 公司，成立之初，企业的投融资目标就设定为支持该区政府对本辖区整体规划，配合镇政府做好相关区域和项目的代建工作。从另一方面来讲，历年来，地方政府都在通过城投公司完成自己的考核任务——投资规模和融资规模。如果地方政府没有了这层考核压力或者压力减小，部分城投公司也就失去了存在的意义或者不再那么重要。

4. 企业缺乏独立生存能力

城投公司与政府部门模糊不清的定位，令城投公司成为典型的预算软约束主体。由于存在地方政府隐性支持，企业融资往往缺乏降低成本的认识。后期为了维持现金流不断裂，城投公司不断借新还旧，负债水平与偿债负担不断提高，企业信用资质不断恶化，如果没有地方政府提供隐性担保或者注入资产，引入社会资金的流动性支持，城投公司本身基本不具备继续生存的能力。

新定位：融资职能的最大化

城投公司的职能由投资向融资转移，主要还是发生在"四万亿投资计划"时期。经济下行下政府投资扩张的急切需求，加上积极的财政政策与货币政策推动，各地方政府纷纷通过土地或者财政资金注入，成立各种类型的"城市建设投资公司"，其中不乏仅仅拥有一间办公室、3 至 5 位在职人员轮岗的"壳城投"。这个阶段的城投公司，无论是新成立还是已存在的，企业职能都以融资为主。

公司如何完成融资职能呢？在浩浩荡荡的城镇化进程中，不断升值的土地成为解决所有问题的关键：以土地为抵押、以城投公司为平台、以地方政府信用担保为支持，正是20多年来我国城镇化大幅推进的无声推动力，只不过三者的合力在2009~2010年发挥到了最大。

以土地为抵押

以土地作为抵押资产，几乎是全部城投公司的最佳选择。一方面，在维持企业融资能力方面，政府能够直接提供给城投公司的物质支持有手中的国有资产，包括土地、存量房产甚至新建的公益类或准公益类基础设施，例如管道、公交、场馆等。在这众多资产中，唯有土地资产具有一定的变现能力，且资产价值受到市场的一致认可；另一方面，城镇化加速的过程中，土地价值升值预期也是可观的——城镇居民人口的增加直接催生房地产以及城市公共设施的刚性需求，带动周边土地价值的快速提高，这就使土地成为包括城投公司在内所有企业质量最高、最具增信作用的自有资产。在以间接融资为主的金融市场，通过土地抵押快速获得银行贷款是企业的普遍做法，缺乏实际盈利能力、没有实际企业信用的城投公司更是将其发挥到了极致。

以城投为平台

地方政府通过设立城投公司，完美地避开了政府自身不能举债融资的法律规定，利用城投公司法人企业的身份，通过银行贷款、信托产品、融资租赁、发行债券等各种间接或直接融资工具，在2009~2010年为城市基础设施建设募集了建设计划所需的大量资金。在融资方面，城投公司的平台性质主要体现几点：

（1）地方政府通过城投公司完成每年的融资任务指标。对地方政府相关部门而言，融资规模意味着经济增长实力、金融市场发达程度，而私人资本的融资决策以收益最大化为准则，随着行业景气高低而增减。在经济下行周期中，自负盈亏的生产部门自然会主动去库存、降杠杆。对地方政府而言，规模是绝对考核指标，而与宏观经济景气度并非绝对正相关，传统的宏观调控政策甚至更加要求政府投资支出的积极拉动。在自主性融资需求下降的环境中，如何完成当年融资任务以支持投资支出？最容易受行政干预的地方城投公司，这个时候就需要"挺身而出"。实际上无论是金融环境较好的东部地区，还是欠发达的西部地区，从省级城投到县区一级城投，均不同程度承担着固定的融资任务。

（2）为项目融资，但不一定是项目主体。在城市建设过程中，虽然融资由城投公司负责，相应的投资却不一定。由城投公司负债，将募集资金转移给相关政府部门使用，这是不少地区采用的投融资模式，且它既可能发生在完全意义的"空壳类"融资平台，也可能发生在有实际投资职能的城投公司。由于资金监管稀松，最终以城投公司名义获得的资金分配到哪些项目、哪个部门或者哪些企业，城投公司自己也难以逐笔确认。以某国家级开发区平台公司为例，2014年年末，其合并报表总资产266亿多元，其中，其他应收款接近46亿元，该平台公司与当地开发区管委会和财政的往来款约39亿元，账龄在1年以内的资金约为16亿元，1年以上的约23亿元。上述其他应收款项的往来，实际基本可以看作该平台对区域内政府部门的资金拆借。

在缺乏预算管理的资金使用过程中，通过城投公司负债交付地方政府部门使用，企业与政府之间的债务关系没有清晰的划分，导致城投公司过多地承担了本应由地方政府偿还的债务。以2014年底债务甄别为例，在实际的债务清理过程中，债务历史过长、中间经过多次借新还旧、资金划拨，原本的债务主体已经难以确认，不少城投公司都遭遇到这些问题。而在确认地方政府一类债务时，为了降低地方政府债务率水平，相关部门又简单粗暴地将企业上报的债务规模"打折"处理，企业承担的实际地方政府性债务可能要远远大于15.4万亿的规模。

以地方政府信用担保为支持

地方政府的隐性担保是城投公司能够持续获取资金支持的又一重要支持。一般而言，企业融资的可得性与其信用水平正相关，而城投公司的信用不在于投资项目后有多少盈利可得、现金流有多稳定，而在于地方政府能够提供多大的支持，这种支持既有显性的工程代建款支付、财政补贴，也有隐性的政府信用担保以及潜在的流动性支持。实际上，地方政府通过种种可操作的手段维持城投公司债务的刚兑预期。

1. 地方政府的显性支持

地方政府对城投公司的显性支持，主要包括两种：基于政府与企业之间委托代理关系的工程结算，以及地方政府支持当地国有企业的财政补贴。

20世纪90年代以来，我国城市建设的投融资体制以"市场化"为发展方向，实际的演变过程相对缓慢，这其中既有宏观经济高速增长、实体投资回报率高对私人资本的吸收，也有地方政府对国有资产的垄断造成私人资本进入门槛高的原因。

从目前城市基础设施建设的情况来看，无论是公益性的市政道路、公共区域建设，还是具备一定现金流创造能力、可以通过市场化形式提供的经营类城市基础设施和服务，如供水、供热、供气、轨道交通、环境保护等，多数地方还是通过成立综合性或者专营性质的城投公司负责项目的投资建设和运营。城投公司往往通过与政府签订代建协议、建立委托代理关系的形式，或直接负责项目的投资建设，或作为项目主体将工程发包给建筑施工方，作为代理人定期获得地方政府的工程结算款。以上文提到的A公司为例，发行人受镇政府的委托负责筹措建设资金及工程管理等业务，承担多项基础设施及安置房工程的代理建设业务并签订《工程建设回购协议》。双方约定待项目竣工验收后，由业主方对项目进行回购，并由镇财政所支付相应工程款，发行人以工程的总成本加成 25%（总成本为与相关施工单位结算的金额加上其他相关成本）作为与镇政府结算的依据。根据项目需要，业主同发行人签订《工程建设回购协议》，项目业主在项目竣工验收合格后，2 年内分 3 次支付回购款：第一次支付时间为项目竣工验收合格且竣工结算办理完毕之日起 30 日内，支付回购款总额的 40%；第二次支付时间为支付第一笔回购款后 12 个月，支付回购款总额的 30%；第三次支付时间为支付第一笔回购款后 24 个月，支付回购款总额的 30%。

在代建协议法律约束下，地方政府需要按照约定的收益水平向城投公司支付服务购买款项或者工程代建费用，虽然收益水平不能与实体经济投资完全媲美，但足以支撑城投公司成为信用优质主体：与一般的生产性企业相比，城投公司与地方政府建立甲乙双方的关系，后者按时支付工程款的政治意义远大于经济意义。私人投资领域中，甲方由于自身经营风险造成应收账款到位不及时甚至违约，可能直接造成乙方资金流断裂或者项目失败，而当地方政府作为甲方时，一方面其财政收入较为稳定，另一方面即使出现了兑付风险，地方政府有充分的调整手段弥补资金流，否则就可能演变为区域财政金融风险。从这一点来说，与地方政府长期的业务往来反而是城投公司的一大优势。

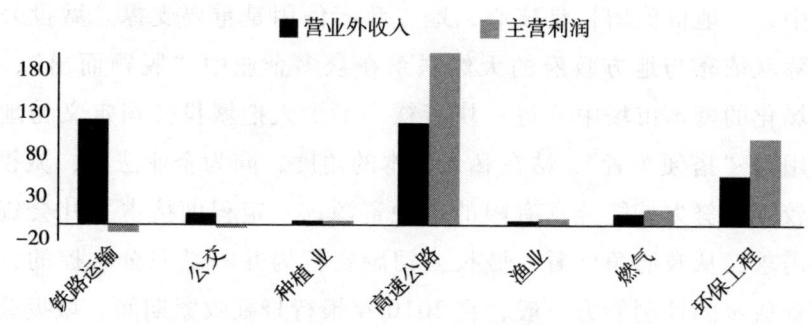

图 2-1　不同领域城投公司的收入结构

此外，出于对地方国有企业的保护和支持，地方政府每年都会支付城投公司一定的财政补贴。尤其是公益性项目投资为主的城投公司，财政补贴往往是企业利润最重要的构成，甚至弥补了主营业务造成的亏损。财政补贴的发放缺乏预算安排，最后能够获得的规模与城投公司的主营业务盈亏情况、地方政府的财政实力都有关系。

2. 地方政府的信用担保

地方政府的直接或者间接担保行为，是造成城投公司过度融资的另一重要因素，这里的担保包括但不限于以下几种形式：为融资平台公司的融资行为出具担保函；承诺当融资平台公司偿债出现困难时，给予流动性支持，提供临时性偿债资金；承诺当融资平台公司不能偿付债务时，承担部分偿债责任；承诺将融资平台公司的偿债资金安排纳入政府预算，等等。

这种直接或者间接的担保行为，逐渐引导市场形成一个预期：地方政府会无条件为任何一个城投公司的企业债务提供必要性的支持，城投公司的债务一定会保持刚性兑付。准确地说，地方政府的隐性担保更多是一种市场信仰，缺乏法律依据，尽管这支撑了众多城投公司在金融市场得到了与企业自身实际资质并不匹配的市场定价。

总的来说，正是通过土地财政的运行，在地方政府的显性或者隐性信用支持下，城投公司不断融资继而投入到基建投资浪潮之中。在这个过程中，土地价值增长是核心，地方政府信用是重要支撑。城投公司成立之际就依靠与地方政府的天然联系在众多企业中"脱颖而出"，在相对市场化的资本市场中分得一块蛋糕。不少人把城投公司定义为地方政府信用的"搭便车者"。站在私人资本的角度，同为企业法人，城投公司付出较少的努力就能分享有限的金融资源，一定程度挤占了社会资本的资金需求；从政府角度看，城投公司融资行为并不是完全可控的，尤其是融资成本的控制能力一般，在2010年银行贷款收紧期间，城投公司资质受到一次较大的负面冲击，纷纷转向信托产品、金融租赁等高息负债工具，虽然短时间内化解了流动性风险，但债务成本与地方政府从事的公益性项目投资收益远不能匹配，造成了地方政府债务规模保持增长的同时利息支出不降反升。

倚仗地方政府信用支持挤占有限的金融资源，同时不考虑成本借入高息债务，直接造成地方政府债务负担过重。城投公司在完成投融资使命的同时，也遭遇到了不少外部的批评。2010年开始针对地方政府债务管理的政策变动，不断成为城投公司的外部风险冲击。

政策风险是最大变数

对于自主经营、自负盈亏的企业而言，最大的风险在于经营风险，而城投公司有种种特质——企业性质的特殊性、融资行为的预算软约束以及投资职能与财政政策的同步性，这些都意味着公司所要承受的风险明显区别于经营性企业——经济下行受益于积极财政、基建加码，城投公司也会更受到地方政府支持和金融机构的青睐，而当经济转好、实体企业走出低谷，又是城投公司退居二线、被动清理债务的时候。公司的壮大或收缩全然不由自己决定，浓重的行政色彩、自主经营能力的缺乏，城投公司随时面临不可控的政策风险。

城投公司经历的政策风险，主要发生在2010年以来基于地方政府债务管理的城投融资政策变动。2009~2010年，通过城投公司加杠杆实现基础设施建设发力，带动上下游产业链逐步走出低谷，同时宽松的货币环境也刺激房地产销售、投资双双增长，宏观经济恢复景气，但是城投公司在这场浩浩荡荡的基建浪潮中，不计成本、没有预算安排的融资行为所造成的地方政府债务过快增长也成为一个现实的问题。2010年6月，国务院发布《关于加强地方政府融资平台公司管理有关问题的通知》，正式提出"融资平台公司举债融资规模迅速膨胀，运作不够规范；地方政府违规或变相提供担保，偿债风险日益加大；部分银行业金融机构风险意识薄弱，对融资平台公司信贷管理缺失等"问题，对融资平台启动清理规范。

2010年的政策收紧，主要出发点是城投公司造成的地方政府债务问题日趋严重,因此国发〔2010〕19号文一方面清理甄别融资平台的债务身份,规范企业的融资行为,另一方面,更重要的是严令禁止地方政府以"财政性收入、行政事业等单位的国有资产,或其他任何直接、间接形式为融资平台公司融资行为提供担保",首次明确划清政府与企业的界限,划断城投公司对地方政府显、隐性信用的"借用",通过预算约束倒逼城投公司加强债务规范管理。这次政策的收紧,对于一直依赖土地抵押贷款维持流动性的城投公司,冲击几乎是致命的,但在金融市场尤其是非标产品的发展支持下,受益于市场对地方政府信用支持的简单信仰,城投公司还是能通过债券市场、信托以及金融租赁获取资金支持。2010年之后,城投债、政信合作的信托产品规模开始快速增长,弥补了银行贷款的不足。

表2-1　为防范债务风险多方面收紧企业发债条件

文件	企业资质审核	规范担保行为	规范资产注入行为
《关于进一步规范地方政府投融资平台公司发行债券行为有关问题的通知》(发改办财金〔2010〕2881号文)	(1)要求发债的投融资平台公司,其偿债资金来源70%以上必须来自公司自身收益; (2)投融资平台公司经营收入主要来自承担政府公益性或准公益性项目建设,所在地政府负债水平超过100%,其发行企业债券的申请将不予受理。	各级政府及其所属部门、机构和事业单位不得以财政资金、国有资产或企业直接、间接方式为企业发债提供担保和增信。	禁止以学校、公立医院、公园等公益性资产作为资本注入投融资平台公司。
《关于进一步强化企业债券风险防范管理有关问题的通知》(发改办财金〔2012〕3451号文)	以资产负债率为参考: (1)介于65%~80%的发债企业,审核过程中实行"重点关注"; (2)在80%~90%的企业申请发债,原则上必须提供担保措施; (3)超过90%,债务负担沉重不予核准发债,以上要求对于特定行业可适当放宽。	(1)禁止发债企业互相担保或连环担保; (2)政府投融资平台公司为其他企业发行债券提供担保的,按担保额的三分之一计入该平台公司已发债余额,一般企业计入比例为一半。	强调注入资产必须是经营性资产,土地资产除需要经过评估外,必须取得土地使用权证。

另一次更为重大的政策冲击则是2014年底国发〔2014〕43号文的出台，有关确定剥离城投公司的融资职能的内容意味着2009年以来城投公司存在的意义将被颠覆。发改委、中证登以及证监会等监管部门也分别针对存量和新增的企业债、公司债，通过加强监管或者收紧市场交易规则，抑制城投公司继续过度融资。

（1）2014年12月3日，中证登发布《关于加强企业债券回购风险管理相关措施的通知》，规定在暂停受理新增企业债券回购资格申请和已取得回购资格的企业债券暂不得新增入库的同时，明确未来没有纳入地方政府一般债务与专项债务预算范围内的企业债券，仅接纳债项评级为AAA级、主体评级为AA级（含）以上的企业债券进入回购质押库，直接造成当时交易所市场将近4700亿的城投债失去质押资格，债券流动性受到较大的负面冲击，表现在当时的城投债二级市场上，市场利率的上浮幅度甚至远远大于国发〔2014〕43号文造成的影响。

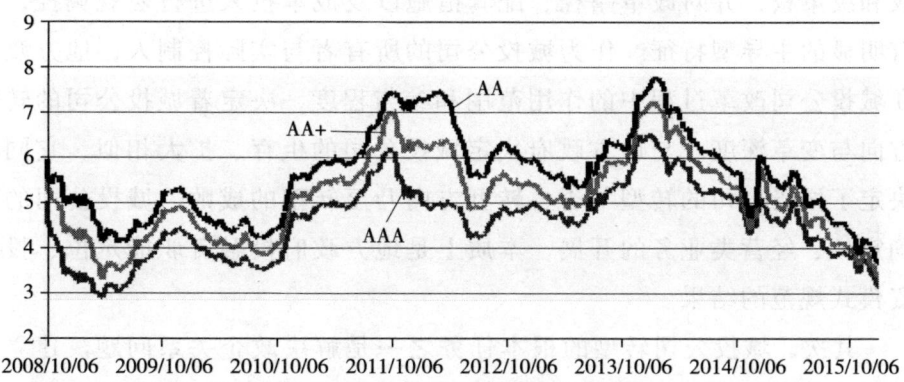

图2-2 三年期城投债收益率曲线

（2）2015年开始实行的新《公司债发行与管理办法》，将公司债发行主体由原来的上市公司扩展至所有的公司制法人，但明确说明不包括地方政府融资平台公司。

政府与企业的关系转型是市场化改革的必然要求，城投公司作为重要的地方国有企业，其重新定位与发展模式变革是转型的核心内容，而地方政府的角色转变以及关系理清，则是解决目前城投公司诸多积弊、支持城投公司顺利转型的必要前提。

转型之路漫漫

城投公司由地方政府通过注资或划拨资产成立，相比于经营性资产占主体的一般地方国企，城投公司的融资平台性质使其更具有"政府附属机构"特征以及强烈的行政色彩。正因为此，城投公司在转型过程中更加需要地方政府转换角色及调整职能。

首先，地方政府是城投公司转型的主要推动力量。地方政府在地方国有企业改革中的主体地位源自我国供给主导型的制度变迁方式。在地方国有企业改革的进程中，地方政府掌握着改革方案与改革时机的选择权和决策权，并对改革路径、配套措施以及成本投入进行宏观调控，具有明显的主导型特征。作为城投公司的所有者与实际控制人，地方政府在城投公司改革过程中的作用范围和参与程度，决定着城投公司的转型方向与变革深度。与地方政府决定城投公司的生存、扩大相似，它同样决定了城投公司的转型与否、转型方向乃至转型的成败，城投公司的准确定位、经营类业务的开展，本质上是地方政府投融资职能定位、投融资模式规范的结果。

其次，城投公司转型的根本任务之一是解决政企关系问题。建立完善的法人治理机制、实现市场化管理是城投公司改革的重要目标之一，而实现这一转变的关键在于城投公司内部政企关系问题的解决。在原有企业管理模式中，地方政府以出资人身份干涉企业内部决策，严重的政企不分造成城投公司自主权与经营决策权的丧失，其投融资决策均体现的是政府意志。要保证城投公司改革取得实质性进展，而不只是原有框架内形式上的调整，就需要地方政府在城投公司管理中转变角色，分清地方政府与城投公司各自的职责及确认地方政府作用范围。目前不少城投公司通过公司员工的去公务员身份、公司主要负责人的"去政府官员",营造出公司转型的印象,这种转型更多只是形式上的变化,实际上与地方政府的关联从未解除。

再者,地方政府主动进行角色转变可以为城投公司转型创造制度环境。制度是一种稀缺性资源,有效的制度安排能够减小改革中的阻力,保证改革的顺利有序进行。国发〔2014〕43号文明确了地方政府与城投公司之间的责任,规定政府债务不得通过企业举借,其指向虽然很明确,但是缺乏引导具体操作过程的制度安排,相关配套制度不足。地方政府对于存量债务问题、在建项目后续融资问题以及新增融资需求问题的制度安排,将直接影响城投公司的改革环境,关系城投公司的改革进程。无论是从地方政府的一般职能还是国有资产所有者的主体身份出发,均要求地方政府为城投公司转型提供合理的制度框架和制度安排。

政府当前角色定位中存在的四大问题

当前城投公司运行中,存在诸多亟待解决的问题,作为职能的衍生载体,地方政府在城投公司发展过程中的角色定位是城投公司转型限制与运营风险的重要根源之一。正是地方政府角色错位造成当前城投公司的高风险与高负债,政企不分、政府行为边界不清也成为城投公司改革的阻碍因素。

问题一:地方政府与城投公司间委托代理关系失灵,地方政府行为边界不清,政企不分问题严重

在地方政府与城投公司的委托代理关系中,政府作为企业的实际控制人,本应承担资产监管、行业管理以及激励约束的职能,但现实情况却是地方政府对企业的人权、事权进行集中管理,直接干预城投公司微观经济主体行为,实质性参与城投公司的人员任命、决策制订、资金调度以及日常经营管理等工作。在此过程中,为了便于行政命令的贯彻实施、决策的高度统一和对企业的实质控制，城投公司往往采取地方官员兼任高级管理人员的模式，人员角色定位混乱导致企业法人治理结构极不健全，缺乏有效的权力制衡机制。政府行为边界不清、政企不分，使得所有者与管理者职能混淆，对企业经济活动干预的"越位"与对公共政策指定及国有资产监管的"缺位"，导致城投公司内部运作及经营决策存在重大的安全漏洞。地方政府对城投公司内外事务进行干预，使得城投公司丧失了应有的独立地位，无法建立真正的现代企业制度，难以转变为真正的市场主体。

随着平台公司市场化改革的推进，这种问题逐渐减少，但仍有一些小平台公司活在财政部门的隐蔽下，缺乏转型的能力。比如某经济发展实业公司。这是一家于2002年设立的资历很老的区级平台公司，在发展过程中，公司始终围绕区财政局的要求开展业务，完全没有对自身发展进行规划。公司的经营范围和主营业务是所在区公路及路网设施、产业园区等的拆迁工作，所有建设项目全部来自政府，企业完全没有业务规划和投融资规划。由于公司实际领导就是园区财政局领导，公司经常直接作为园区财政提供的"通道"，为园区财政各种资金流转服务。2014年、2015年分别发生三、四起公司融资后转给财政局、财政局再对园区建设进行使用的事件，而企业的现金流长期为负，每年靠财政补贴收支才能平衡。

问题二：城投公司承担社会服务职能，部分替代地方政府职能

地方政府与城投公司政企合一的模式使得城投公司成为地方政府的延伸部门，导致城投公司承担了本该由地方政府承担的社会服务职能。城投公司作为地方投融资平台，最主要的职能是融入资金解决地方政府市政建设财政缺口，一方面成为地方政府解决城市基础设施建设任务的"借款工具"，另一方面也事实代理了地方政府进行基础设施建设、提供公共产品与公共服务的职能，负担了地方政府的支出责任。由于地方政府角色错位，城投公司募集资金大量投资于明显非盈利的公益性事业，主营业务能力偏弱，市场化程度偏低，难以进行有效的变革转型。

问题三：地方政府职能错位，连带责任的"保护人"角色导致亏损城投公司恶性循环

按照现有体制，城投公司投资项目建成后，其产权、经营权及收益权均被划归相关政府部门而非城投公司所有，城投公司难以形成由项目投资到资产经营的良性资本循环。在地方政府与城投公司的委托代理模式下，城投公司的债务违约本质相当于地方政府的信用破裂，因此地方政府需通过补贴和资产划入改善企业资信状况，通过债务滚动缓解企业流动性压力。在实际的负债过程中，城投公司的偿债资金相当一部分来自于财政补贴或者当地土地出让，企业的偿债能力实际上是地方政府财政实力的体现。在这种"软预算约束"背景下，城投公司对地方政府的"兜底"存在依赖性，会放弃主观努力，从而错过最佳转型时机。

问题四：激励约束机制目标单一化，城投公司短期行为明显

成功的委托代理关系需要良好的激励约束机制加以保障，而在以GDP为重要指标的政绩考核体制及以投融资业绩衡量部门绩效的制度下，激励目标单一化，由于效率考核导致地方政府以及其管理下的城投公司短期行为明显。出于政绩最大化与职务晋升的激励，地方政府及相关部门往往追求融资规模的扩大与项目投资建设数量的增加，过度投资、超前投资及重复投资现象严重，城投公司债务规模不断扩大，甚至超过了融资平台自身的还本付息能力，运行风险日益积聚。与大规模投资相对应的则是不完善的偿债机制，虽然城投公司短期内不存在资金链断裂问题，但随着"土地抵押—基建投资—土地升值偿债"模式的失效以及地方政府财政负担的日益加重，过高的负债率必将给城投公司带来长期财务危机。

地方政府职能转换及角色定位转变的四条途径

城投公司能否发生实质性转型的关键在于地方政府职能转换及角色定位的转变，而在此过程中，需要化解三对重要的矛盾：地方政府权力寻租与城投公司经营决策科学性之间的矛盾，融入资本营利性与投资非完全营利性之间的矛盾，以及政策转向带来的改革压力与"软预算约束"下改革动力不足之间的矛盾。地方政府职能转换及角色转变的重点即在于寻求解决以上矛盾的合理途径。

途径一：政府职能由过去的投融资决策者转为服务监管提供者，降低道德风险损失

地方政府在处理与城投公司关系时，需要遵循有限参与原则，要求地方政府一方面将所有者与经营管理者的职能相分离，另一方面要成为政府公共政策的供给者与市场环境的监管者。地方政府应从城投公司具体的投融资决策过程中抽离出来，将自主经营决定权归还城投公司；政府官员应退出企业管理，引入市场化管理人员，以满足市场化过程对企业经营者专业知识技能的较高要求，适应企业高级管理人员职业化与市场化的必然趋势；建立产权明晰、权责明确、政企分开及管理科学的现代企业制度，避免地方政府指令性计划对城投公司投融资决策的干扰，使城投公司成为具备完全决策能力，能够自主经营、自负盈亏的生产者和经营者。地方政府应明确自身职能，为城投公司的转型发展提供必要的政策支持与财政奖励，提升城投公司的运营效率，同时，应将城投公司投融资决策纳入政府监管范围，强化外部监管措施并建立风险预警机制，提高城投公司运营规范性与财务透明度，防止城投公司过度负债。

途径二：地方政府应主动承担纯融资平台、纯公益项目建设平台职责，提高城投公司市场化水平

地方政府职责应从城投公司经营中剥离，在地方政府与城投公司之间建立明确的责任边界：由地方政府承担纯融资平台、纯公益项目建设平台职责，通过发行地方政府债券融资，将投资建设资金纳入公共财政预算管理，在合理预期未来地方经济发展及财政收入的情况下，安排融资计划。城投公司的投资对象应向经济效益较好的经营性项目与公共服务项目转型，如养老、医疗、文化或旅游等行业，以获得稳定的营业收入与资金来源，经营业务从实质上摆脱"政府附属机构"角色。地方政府自身在保障关键、基础公共服务投融资的基础上，更多地让利于企业，提高城投公司主营业务的盈利能力，引导城投公司建立良性发展的自我"造血功能"，提高城投公司的市场化水平。

途径三：建立新型地方政府投融资模式，针对不同类型项目进行分类管理

传统的政府直接投资模式转为政府与社会资本合作模式，具体而言，应按照公益类项目、准经营性项目与经营性项目对地方政府投融资项目进行划分并分类管理。社会效益高、经济效益较低的公益性项目应由地方政府承担起全部的融资责任，通过政府采购形式将项目发包给适合的项目主体（包括城投公司在内），并以财政资金作为偿债和项目主体报酬的资金来源，这样可以有效降低基础设施建设成本，提高基础设施服务效率，而政府购买模式也为城投公司提供了稳定的现金流入，提升了城投公司的盈利能力；对于盈利能力不足的准经营性项目，可采取"特许经营+政府补贴"模式，地方政府可以将投融资项目的经营权与收益权让给参与项目的投资主体，通过税收优惠及投资补贴使项目经营达到合理的收益水平，提高市场主体参与投资建设的积极性，降低参与主体单体融资负担；对于收益性较好的经营性项目，地方政府应主动破除进入壁垒，积极引导市场主体进入该领域，发挥私人资本管理运营优势。

途径四：隔离地方政府信用与城投公司信用，倒逼城投公司改革转型

城投公司对于地方财政具有较强的依赖性，除严重的政企不分外，企业经营过程中的"软预算约束"严重降低了城投公司的改革动力。国发〔2014〕43号文的发布是挑战更是机遇，借助政策推动，企业可及时割裂地方政府信用隐性支撑，通过市场化手段与转型方式实现扭亏为盈，避免在过度财政支持与政府"输血"中错失最佳变革时机。

第 3 章
城投公司的涅槃

新《预算法》作为新一轮财税体制改革的起点，重点梳理了城市投资建设中地方政府职能，城市投融资体制重新建立，这个重构的过程势必伴随着城投公司的重新定位。

国发〔2014〕43号文也给这个问题一个相对清晰的指导，政策的收紧仅仅是针对过度承担融资职能的平台类企业，这部分企业属于典型的融资通道，最大的作用在于利用地方政府的信用支持通过各种途径募集资金，以满足地方政府的资金需求，而没有任何实质的投资业务。相反，同时具备投资职能的城投公司，只需要把融资的任务交还给地方政府，主动完成市场化转型，成为实体企业，依然能够获得持久的生命力。目前，摆在众多寻求市场化转型的城投公司面前的难题是：城投公司转型方向在哪里？如何转？即使地方政府退出了对企业的干预，给予企业充分的决策空间，城投公司该何去何从？

实际上，城投公司转型并不是一个全新的命题，在20多年的发展历程中，部分地区的城投公司在较好的外部条件下，已经启动甚至完成了由简单的融资平台向投资实体的转变，或许不同城投公司面临的具体问题有所不同,但在同样的发展路径下,城投公司的历史积淀包括强烈的社会责任意识、拥有的存量资产以及地方国企的身份,使得我们在审视成功转型的城投公司之后,对其重新定位有一个共同认识。

城市建设的投融资"主角"

城投公司继续作为城市投融资主体有必要性,历年来执行基建项目投资职能,以及与地方政府在城市投资建设中建立起的紧密关系,是城投公司继续参与城镇化建设的先天优势。更重要的是,城市建设中的基础设施和公共服务提供多元结构,既有纯公益类项目,也包括具有一定收入但却难以覆盖成本的准经营性项目,或盈利前景很好的经营类项目;既有2~3年建设并能在结束后迅速收回投资成本的项目,也有建设运营10年以上才能逐渐实现可观收益的项目,如轨道交通。城市建设是一个综合体,所涵盖的项目从零收益到收益可观、从区域内到跨区域、从2~3年建设完毕到长达20年的投资运营,需要不同经济需求的投资主体参与进来。

对于城投公司,过去持续性的发展、壮大与我国城镇化初期水平低、对大量基础设施尤其是公益性基础设施的强烈需求存在最直接的关系。如果把城市基础设施建设看作一个特殊的行业,其伴随经济增长、人口结构变化也呈现出明显的周期性特点。20世纪90年代市场化经济发展以来,经济高速增长刺激农村人口向城市转移、居民收入快速提高以及市场经济蓬勃发展,带动城市设施建设快速进入供不应求阶段,也是各个地区接连成立城投公司的阶段。一直到2008年,城投公司一直是我国城镇化率直线提高背后的重要支撑,在地方政府的指导下直接服务于基础设施建设的投融资。此时城投公司之所以存在,很大程度上还是因为地方政府融资职能的缺失,同时也有实体经济收益率高、基建项目缺乏私人资本参与的原因。

国发〔2014〕43号文后城投公司重新定位，其所处体制环境、经济环境以及城市发展背景，相比于20世纪90年代，其实更加复杂。而城投公司自身在历史发展过程中形成的企业文化，使其依然具备参与城镇化建设的明显优势。

新《预算法》赋予地方政府举债融资职能，这是新的城市建设投融资体制形成的起点。根据国发〔2014〕43号文的分类，纯公益性基建项目的债务应该纳入地方政府一般债务管理口径，历史造成的债务通过发行一般置换债券将债务身份重新整理，未来新增债务则直接发行新债弥补资金缺口；能够产生一定收益但不足以覆盖成本的准经营性项目资金，可通过发行专项债券为项目融集资金。地方政府债券的发行只是解决了资金问题，资金到位后还需要合适的投资主体承担，投资主体同样是决定项目成败的关键。2008年之前，除了纯融资平台性质的城投公司，更多的城投公司以基础设施建设主体的身份运营，并依据项目需求进行融资。在新的投融资体制形成中，城投公司在历史过程中形成的特殊企业文化——与地方政府的天然联系以及历史因素造成企业在投资决策上将服务社会让步于收益追求，这都让城投公司成为项目主体选择中不容忽视的一部分。

城投公司的转型正逢国内经济转型期。2015年以来，传统行业深陷产能过剩难题，房地产在人口结构改变的影响下难以回到过去高增长的行情。全球经济下行，外需持续疲弱，拖累出口增长，新的宏观环境带动地方政府收入增长减速而稳增长支出压力增加。通过政府投资托底经济目标，利用有限的财政资金实现杠杆效应，引入社会资本参与城市建设，是经济环境决定的必然选择。

对比国际经济，城镇化不可能一直保持直线型，当城市基础设施建设发展到一定程度，同样面临"产业升级"的问题。城镇化初期对于基础设施的需求是低基数基础上的增量需求，规模追求大于质量追求，可以看到这个时期是大型基建如高速公路、铁路、市政道路等硬件设施的集中建设期。近年来，人口结构发生变化、城镇化速率放缓以及硬件设施投资空间压缩，城镇居民对于基础设施的追求开始向"质量"和软件设施即公共服务转移，如养老、医疗、教育、生态环境等，城镇化建设也逐渐从过去的"纯硬件"向"软硬兼施"转变，呈现出多层次的建设格局。针对公益性与经营性兼备的投资，对投资主体的需求也将多元化。

综上所述，城投公司在20多年的发展过程中，虽然在融资方面饱受诟病，但实实在在是承担重要基建项目投资的主体，其历史形成的"盈利让步于服务社会"的企业文化在多层次的城市建设中依然具有相对优势。

国有资产经营先锋

当前城投公司的资产主要包括土地与公共基础设施两部分，其中公共基础设施又细分为公益性基础设施、准经营性基础设施以及经营性基础设施三类。这些存量资产的合理经营能为城投公司带来长期稳定的现金流入，是城投公司重塑自身盈利模式、市场化改革可以重点关注的领域。

首先，针对公益性基础设施，应该规范建设中政府与企业的合作关系，实现企业收入的合理合法和稳定性。非经营性基础设施是城投公司资产重要组成部分，如开放式道路、城市绿化、通信管道、中水管道及其他公益性基础设施等。这类资产具有较高的社会效益，但是自身营利性较低，难以通过经营方式实现营业收入，其获得回报的途径主要是与地方政府建立回购协议，且回购款往往能够覆盖建设成本并保证适当的回报率。项目建设期内，通过地方财政划拨项目资本金以及银行信贷融资等方式筹措资金开展项目建设，并由政府部门依据项目总投资与城投公司签订政府采购协议，对项目进行一次性或分期采购。这种模式的优势在于：一方面以城投公司作为基础设施建设载体，利用其专业化、标准化、规范化的运作进行基础设施建设，可以提高资金利用效率；另一方面，也为城投公司完成在建项目提供了稳定的现金流入，有助于城投公司自身营利性的实现。

上述非经营性资产以外，城投公司转型更应该发挥手中的优质国有资产优势，将静态的资产变现为实实在在的现金流，包括房地产、公用事业设施等，这些都存在较大的价值挖掘空间。

经营性基础设施。对于经营性资产，如收费公路、房地产开发项目以及旅游资源、餐饮项目、制药项目等，城投公司可以通过自主经营开发取得大量经营性收入，如高速公路收费项目每年为天津城市基础设施建设投资集团创造近27亿元的收入，餐饮、旅游等经营性项目每年创造近10亿元营业收入。南京新港开发总公司的制药业务每年可创造近3亿元营业收入，房地产开发业务更是创造了17.57亿元的收入。除了直接经营，公路以及房地产等资产还可以采用出租方式获得长期稳定的现金流入，如南京新港开发总公司通过向当地开发区出租四条道路可获得每年2847.39万元的租金，拥有可供出租工业厂房面积约20万平方米，房屋出租率为86.38%。

准经营性基础设施。所谓准经营性资产，也就是公益性与收益性兼备，其特点在于资产具备稳定的现金流入，但是由于外部性或政府的价格管制，收入普遍不高或难以弥补投资建设成本，如城市供水、供热、燃气、污水处理、垃圾处理以及城市公共交通等，虽然直接收入不高，但往往可以在财政补贴、税收返还方面得到更多政府的支持，经营性风险并不大。鞍山市城市建设投资发展有限公司的供水业务、公共交通运输业务、燃气业务以及排水设施建设业务创造的年收入额分别为2.3亿元、2.11亿元、1.8亿元以及1.02亿元。通辽市城市投资集团有限公司的城市供热业务和供水业务也各带来每年1.58亿元及0.15亿元的营业收入。这类资产的盈利机制主要为特许经营辅以税收优惠、财政补贴。未来对于这些项目的开发，城投公司可以与民间资本合作，一方面可降低自身的投资负担与经营风险，另一方面也可利用自身的政府背景优势解决征地拆迁、环境保护、配套设施等方面的问题，在特许经营模式下与民间资本共享收益。

表3-1　天津城市基础设施建设投资集团有限公司城投公司资产及其盈利机制

	资产类型	盈利机制
城市路桥业务	（1）收费公路 ①高速公路业务 ②二级路收费业务 （2）城市快速路 （3）城市路网、管网建设：市旧路改造、河道治理、通信管道、中水管道建设、公交场站等	（1）高速公路通行收费稳步增长 （2）二级路采用委托收费模式，拥有6个收费站收益权 （3）城市快速路有代建制运营和政府采购两种业务模式：①代建模式：财政拨付项目资本金，城投公司筹措其余建设资金，财政划拨专项资金偿付债务；②政府采购：财政划拨项目资本金，银行信贷融资，由政府对项目进行一次性或分期采购 （4）城市路网、管网建设为代建制运营模式
水务业务	（1）污水处理业务 （2）自来水以及中水业务	（1）市内污水处理运营主要以自营污水处理厂以及再生水厂收取污水处理费和再生水处理费；外埠污水业务运营主要通过BOT/TOT、联合投资、委托运营、并购等模式 （2）自来水以及中水销售收入以及中水管道接驳业务收入
轨道交通业务板块	（1）轨道建设以及运营业务 （2）交通枢纽工程建设业务：包括轨道交通枢纽的建设以及配套的公用工程建设	（1）财政拨付资本金，城投公司通过银行贷款、发行债券等方式筹措其余建设资金，政府拨付专项资金偿付到期债务本息，由城投公司负责日常运营管理工作 （2）通枢纽工程建设业务为代建制模式
城市综合开发业务	（1）海河综合开发业务 （2）土地整理业务 （3）置业业务：主要包括商业地产开发以及普通住宅开发	（1）海河综合开发业务主要业务模式是由城投公司受托承担基础设施建设任务并由政府部门采购；区域内配套基础设施建设提供服务，按规定收取配套费 （2）土地整理业务主要是城投公司作为受托单位实施委托地块的土地收购、整理、储备工作；由政府土地交易中心实施集中出让，并向受托企业返还土地整理成本以及土地整理成本0.8%的土地整理管理费 （3）置业业务收入来源于人房地产销售收入，开发模式主要是城投公司实施基础设施建设，分享该区域基础设施整体水平提高后，土地增值带来的综合收益
其他业务	主要包括广告业务、餐饮与旅游业务、绿化工程业务、成品油销售业务等	经营性收入

表3-2 南京新港开发总公司资产及其控制机制

资产类型		盈利机制
园区开发业务	(1) 市政基础设施承建业务：主要包括道路、绿化、给排水和土方回填等 (2) 受托代建业务 (3) 土地成片开发转让 (4) 园区管理及服务业务 ①道路出租 ②房屋出租 ③公共设施服务 ④物业管理业务	(1) 市政基础设施承建业务采用完全市场化的运营模式，项目中标后自行组织施工或分包给其他专业公司，委托方根据项目进度支付工程款 (2) 由开发区管委会承担受托履行建设管理职能中发生的成本和费用，以及项目开发成本及间接成本6%的代建收益 (3) 2007年前，公司直接缴纳土地出让金办理土地证，并对持有土地进行拆迁平整，以不高于450元/平方米的价格再转让；2007年后，公司不再进行相关业务，存量土地将按照新的土地管理法和土地流转"招、拍、挂"的要求，由招商企业直接摘牌取得 (4) 道路出租方面，开发区向公司租用四条道路，年租金为2847.39万元，租期20年；房屋出租方面，公司建设标准工业厂房及配套设施并出租给进区企业使用，拥有可供出租工业厂房面积约20万平方米，房屋出租率为86.38%；公共设施服务及物业管理方面，包括市政公用设施维护、绿化养护、园区管理等业务；物业管理业务是提供出租房屋的物业管理、临时用电等配套服务，并收取一定费用
房地产业务		房地产开发主要经营模式为自主开发，主要通过"招、拍、挂"取得土地之后，针对目标客户进行产品设计，房产建造完成并验收合格后交付客户，按照合同或协议价款确定销售收入

表3-3 鞍山市城市建设投资发展有限公司资产及其控制机制

资产类型	盈利机制
基础设施代建业务	负责建设的城市基础设施项目均与相关政府部门签订回购协议，项目建成后由政府回购，政府支付的回购款包括项目投资总额和投资收益，投资收益按照项目投资总额一定比例计算确定
保障房销售业务	城投房产公司代建的保障房由相关部门进行回购结算，回购价格参照保障房所在地周边商品房销售价格并进行相应调整
供水业务	负责鞍山市城乡供水，截至2011年末，自来水公司拥有6处水源地、8座水厂、52个泵站，供水面积270平方千米，日供水能力51万立方米，主要收入来源为自来水销售收入

续表

资产类型	盈利机制
公交运输业务	全面负责鞍山市公共交通运输，截至 2011 年年末，拥有运营线路 53 条、公交车 1508 辆、线路网总长 430 千米，主要收入来源为客运收入
燃气业务	主要负责鞍山市焦炉气、天然气等燃气供给，截至 2011 年年末，管网长度达到 1951 千米，年平均输配能力达到 30000 立方米，收入来源为焦炉煤气与燃气销售收入
排水设施建业务	主要业务为排水设施新建、维修、养护和排水网管理等业务，排水设施建设项目均与相关政府部门签订回购协议，项目建成后由政府进行回购，并给予一定报酬

表 3-4　通辽市城市投资集团有限公司公司资产及其控制机制

资产类型	盈利机制
城市基础设施建设业务	以代建回购模式开展城市基础设施项目建设业务，城投公司按照市政府有关部门下达的城市基础设施项目建设计划开展融资和建设工作，项目建设资金由公司负责筹措，待项目建成后由政府财政部门予以回购
土地整理开发业务	受市政府委托，负责全市范围内土地的开发、整理工作，将土地进行征收、熟化后，由市政府将土地出让金按比例返还给发行人用于后续土地开发、整理工作；负责开发整理的土地，市财政按土地出让收入的 70% 予以返还；相关土地使用权经"招、拍、挂"程序出让取得的出让金，由财政按土地出让收入的 50% 予以返还；通过对相关地块进行征收及拆迁安置补偿，对片区道路、供水、供电、照明等配套基础设施进行建设，完成了大量土地的整理开发工作，这些土地按"招、拍、挂"程序出让后，带来了可观的土地出让收入
城市供热业务	拥有供热面积约 400 万平方米，一次管网 46.7 千米，二次管网 267 千米，居民用户供热价格每平方米每月 4.44 元，商业用户每平方米每月 6.00 元，其他用户供热价格每平方米每月 7.14 元
城市供水业务	承担市居民、厂矿、工业园区 24 小时用水和居民室内供水维修任务，在自来水生产上，拥有 3 处水源地、22 眼深井泵、高山水池 6 座，日供水能力 25000 立方米，供水管网全长 230 千米，供水面积 315 平方千米，为 32000 余户居民用、100 多家厂矿企业共 12 万人口供水和提供管网维修服务

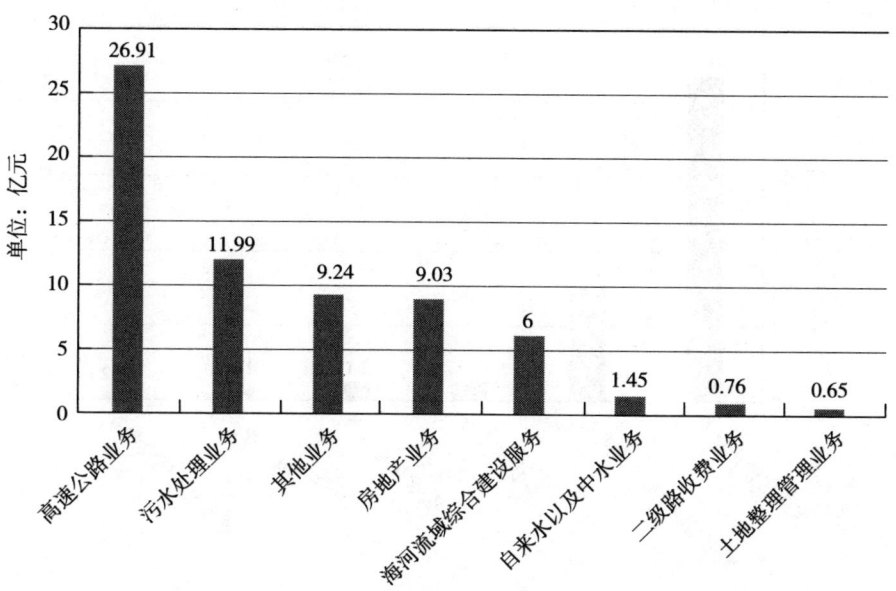

图 3-1　天津城市基础设施建设投资集团有限公司 2011 年收入金额

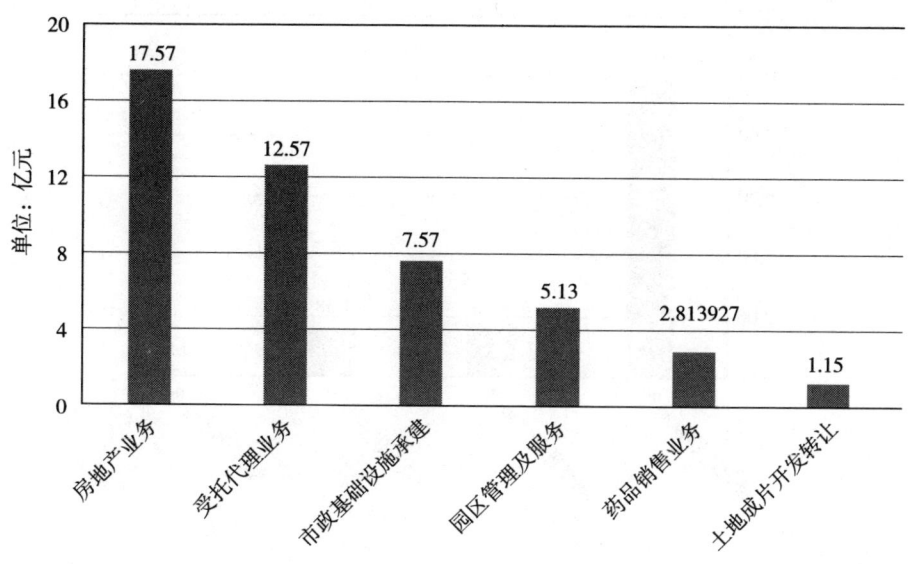

图 3-2　南京新港开发总公司 2014 年收入金额

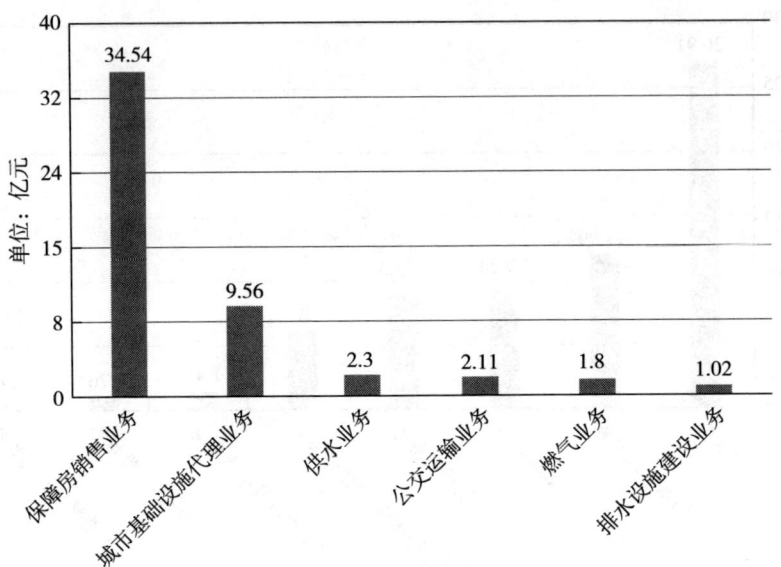

图 3-3 鞍山市城市建设投资发展有限公司 2011 年收入金额

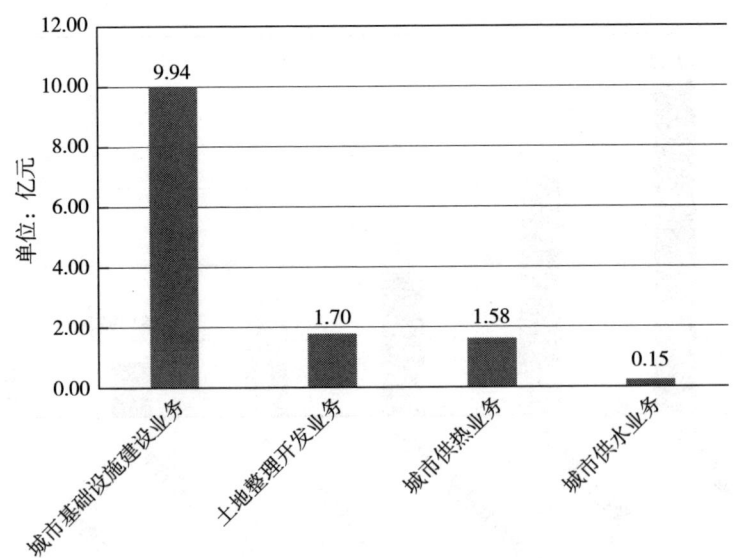

图 3-4 通辽市城市投资集团有限公司 2013 年收入金额

第3章 城投公司的涅槃

准市场化特征不断呈现

过去的城投公司,在政府官员负责企业管理时,多以地方政府附属机构的身份自居,仰仗背后的政府信用,企业行为与同样条件的市场化主体相去甚远。在城投公司的非市场化众多表现中,最为突出的一点即为预算软约束,这既与基建投资过程中存在两个"错配"这一客观因素有关,也有城投公司对成本不敏感的主观原因。

类似于高速公路、轨道交通等大型项目的建设,往往初期投资规模大、后期现金流创造能力弱,需要企业在初期大规模负债筹资并在未来的长期经营中逐渐回收成本,这就产生了债务与项目周期的期限错配。当城投公司以企业名义为这种长周期、低收益的投资项目融资时,城投公司自身缺乏实质性的信用水平现状,项目的高风险溢价,客观造成债务成本与收益的错配。从城投公司角度出发,企业并不以利润最大化为经营目标,对于成本的管理需求远远弱于市场化主体,造成了主观上对于高债务成本的不敏感,继而助推债务规模快速扩张,即使利息成本远远高于地方政府理论上应该承担的水平。这个问题在县区级城投公司之中表现得尤为明显。

东部某区县级城投公司主要负责高新区内的各项基础设施建设,业务性质决定了项目建设前期需要垫付大量的资金。在区获批成为国家级高新区之前,该城投公司难以通过中期票据、短期融资券、公司债券等直接融资方式融资,只能通过信托、股交中心私募债等非标产品进行融资,以满足基础设施建设的资金需求。信托产品票面利率高达11%,年化综合成本更是达到了12%,股交中心私募债票面利率也高达10%。

一般而言,为降低融资成本,企业往往尽量完备信息披露、降低信息不对称,以此获得合理的信用定价,但城投公司却难以做到,一方面苦于企业自身资产质量不高、盈利能力强烈依赖地方政府补贴,难言真

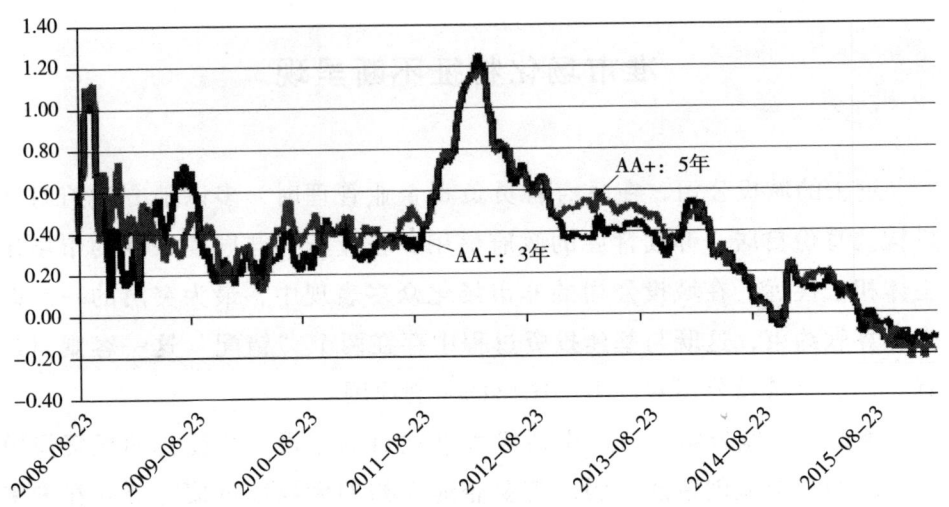

图 3-5 城投债与同评级产业债收益率之差

正的企业信用；另一方面，最初的企业管理层多来自于当地政府部门，对市场规律缺乏充分的运用，其管理模式更贴近政府附属机构，信息透明度较低，导致市场很难以传统的定价理论评判企业的信用风险。闭塞的信息获取渠道加上与地方政府的天然联系，给市场造成这样一种印象：城投公司是严格区别于一般生产性企业的特殊主体。

城投公司转型，最终目的是要实现市场化运营，成败的关键还是在于相关部门改变思路，放开管制的手，但城投公司主动追求改变也是必要的。《关于进一步规范党政领导干部在企业兼职（任职）问题的意见》（中组发〔2013〕18号）正式叫停党政领导干部在企业兼职或者任职，相关领导逐步退出了企业管理层，公司内部职工也褪去了公务员的身份，但无论是企业的经营模式还是债务管理，依然没有摆脱预算软约束特征，城投公司在市场面前的"政府做派"或者神秘感依旧存在。

未来城投公司的长期存续建立在成功转型为具备自主经营实力的准市场化主体之上。这里定位城投公司为准市场化主体，而与绝对的市场化主体区分开，在于城投公司作为重要的地方国企，在长期担任地方政府投融资平台角色的历史积淀下，重民生而轻盈利已经深深刻入城投公司的企业文化中，强制要求其转为绝对意义的一般生产性企业，既否定了城投公司长期以来对城镇化快速提高所做出的贡献，同时也可能会大幅提高转型的风险，显然是一种低效的选择。如前文所言，城投公司既有在规范的管理模式下继续参与城市建设深化发展的优势，也拥有大量可以经营的国有资产，还有大量可以挖掘的经营类业务可拓展，只是要转变企业思维，以市场化主体的标准要求自己。

实现预算硬约束是第一步，也是最重要的一步。城投公司实现市场化经营并不适合过分追求盈利最大化。因为城市化建设注定会要求投资主体将营利性目标让步于社会服务，未来城投公司的业务范围或多或少还是要包括公益类项目，但通过规范的委托代理协议，在委托方地方政府与代理方城投公司之间建立清晰的回报机制，通过法律手段约束两者的权利和义务。城投公司在收入有所保证的情况下，只需要根据项目的投资收益、建设周期选择合理的融资工具和融资成本，做到跨期限预算管理，有效避免过去投资建设中的两个"错配"问题；而经营类项目的开展，则需要城投公司正式建立利润最大化的经营理念，彻底放下地方政府担保的预期，以独自承担经营风险的前提尝试经营业务。

国发〔2014〕43号文提出城投公司市场化转型是政策上首次表态，但实际上，在不少地区，一些具备地方政府支持、自身规模优势外加企业管理层寻于突破的城投公司，已经逐步尝试甚至完成了市场化转型。企业管理融入经理人制度，在业务选择上由简单的市政项目代建向具备现金流创造的公共事业企业过渡，继而尝试完全的私人投资领域，例如房地产开发、旅游事业等经营业务。

第二步则是在内部经营理念转变的同时，向外部建立起市场化主体的企业形象。过去城投公司信息不透明同样是造成其债务负担过高的重要原因，而完备的信息披露、畅通的沟通渠道，既是城投公司转向市场化主体的必要条件，也是企业转型信心的表现。

第 4 章
新型投融资主体重塑

政府投资职能的国际经验

在实体经济面临压力和投融资体制加快改革的背景下,城投公司自身积极寻求转型,政府助力推动城投公司投融资政策完善,希望通过两方共同努力冲破现有的桎梏,实现体制制度创新,从而根本解决城投债和城投公司现存的一些问题。在发挥政府投资职能推动公共建设方面,除补贴和税收减免等传统政策外,部分外国政府采用多种创新方式替代直接投资,以支持城市发展。借鉴国外相关政策经验和先进理念,结合我国现实国情特色加以修正和运用,可加快改革步伐、完善改革结果。

英国的 PPP 模式

所谓 PPP(Public – Private – Partnership)模式,通常译为公私合营

模式，或者政府和社会资本合作模式，指政府以既定形式将特许经营权等转让给某些企业或者社会群体，以共同发展为目标形成一种利益关系。英国是最早提出并使用PPP模式开展基础设施建设的国家。20世纪80年代，撒切尔夫人在任期内将民间资本引进天然气、自来水、电力等公共事业部门，以推进私有化进程促进这些部门的发展，PPP模式自此开始出现。这一私有化进程最初只涉及公共产品和一般公共服务事项，旨在借此减轻政府财政负担，也给私人部门提供全新的投资机会，促进经济发展。随着PPP模式在英国的使用条件越发成熟，涉及部门和产品也开始向其他公共服务领域扩展，现在已经涉及教育、国防、医疗等众多方面，英国政府和社会主体在PPP模式方面也有着极为完善的制度体系和丰富经验。据相关资料显示，1987~2012年间，英国一共批准PPP项目730个，运营金额达540亿英镑，英国成为迄今全球PPP模式项目数量最多、涉及范围最广且规模最大的国家。

英国的PPP项目可以分为两大类①。第一类是私人投资计划（Private Finance Initiative，PFI），这一类项目体现了英国在PPP模式上的开创和发展，也与我们主要关注的城投债的操作模式相近。PFI模式的特征是由政府部门发现项目，计算需求和成本，向企业支付费用，并最终提供公共服务。该项公共事项从开始建设到最后投入使用的全部过程均由接受政府付费的企业完成，并对项目质量负责。其中政府作为投资主体，向企业付费支持其完成公共项目，而企业保持正常的盈利模式，只是客户身份和涉及的项目类型与普通业务不完全相同。在具体的实施过程中，英国政府以项目为单位对公共事业的建设进行管理，以合同作为项目进行的最终依据，虽然并未设立相关法律法规以约束项目内容和参与主体，但会采用具有针对性的政策来加以引导，并配以专业职能部门进行管理，包括联邦政府设立的基础设施局（IUK）和地方政府设立的管

---

① 谢煊，孙浩，刘英志：《英国开展公私合作项目建设的经验及借鉴》，《中国财政》2014年01期。

理机构等相关部门。第二类是特许经营模式,其特征是由使用者承担费用。私人投资计划、特许经营和战略伙伴关系、合资经营等都视为广义的 PPP 模式。

英国应用 PPP 模式进行公共事业建设历史悠久,涉及的具体项目数不胜数,被广为借鉴的包括英国赛文河第二大桥的建设、保障性住房维护过程中管理组织的设立、医疗系统和伦敦地铁建设中的应用。下面以赛文河第二大桥为例对 PPP 项目模式进行分析:1984 年,英国地方政府正式启动赛文河第二大桥的建设工作,但由于当地政府不具备足够的财力支持该项建设,故选择了 PPP 模式。首先,英国国家道路局作为政府代表出资建设赛文河第二大桥的引路,在该项目中聘用曼塞尔事务所作为政府代理人。其次,由约翰·莱恩有限公司(一家从事建筑工程的跨国公司)和 GTM Entrepose 公司(1987 年被杜美思公司收购,后成立法国杜美思 – GTM 公司,由全球领先的水务公司苏伊士集团控股)合资成立赛文河大桥公司,各持股 50%,这两家公司均是以盈利为目的的普通公司。控股后,选取美国银行和巴克莱银行共同为该公司融资,将社会资本引入大桥的建设中。在大桥具体施工过程中,赛文河大桥公司作为参与主体,负责全程建设、监督进展和后期维护,并获取大桥建成后特定时间内的特许经营权,以影子收费的模式承担风险和获取收益。项目的建筑设计方托马斯·珀西事务所、结构设计方哈尔克罗事务所等公司、建设方 VINCI 公司等公司都受雇于赛文河大桥公司,负责赛文河第二大桥的具体设计建设工作。

通过对英国 PPP 项目模式的观察和分析可知,私人部门在参与公共事业的建设过程中,除去项目对象和项目内容具有公共性,其他方面仍旧按照市场规则进行操作,根据市场环境结合自身经营模式选取盈利模式和水平,而政府可以按照市场价格付出合理的成本。因此,良好的社会经济环境对于 PPP 模式的良性发展十分重要。政府投资的公共建设工程往往代表政府的形象和能力,并且服务于人民生活和发展,对于质量具有严格的要求,而项目的高质量不仅需要项目承接方的技术水平作保障,还需要政府相关部门完善的监督管理体系和明确的政策引导。英国政府明确按照合同进行管理,并设立专门部门进行针对性监督的模式,对于PPP项目的运行起到了显著的促进作用。此外,2008年金融危机之后,PFI模式在融资上陷入困境,英国政府通过设立一系列金融工具及时弥补私人资本不足带来的投资空白,保证各个项目的正常进行,这种及时反馈与调整也是PPP模式能顺利运行的重要因素。

市政债券——以美国为例

19世纪20年代,美国市政建设需要大量的资金,为市政债券的兴起奠定基础。1812年,纽约市政府为修建运河发行了美国历史上第一只具有正式记录的市政债券,开启了市政债券在美国政府建设城市公共事业中发挥重要作用的历程。市政债券是为城市建设融资而发行的一种债券,大多为免税债券。美国证券交易协会(SEC)将市政债券定义为州、城市、镇和其他政府机构发行的用于向公众筹资建设学校、高速公路、医院、下水道系统和其他特殊项目的债券。根据偿债主体不同,分为一般责任债券(General Obligation Bonds)和收入债券(Revenue Bonds)两类。所谓一般责任债券,是指政府以自身信用为依据发行,并用自身的税收收入或者其他收益来偿还的一类市政债券,筹得的资金并不明确使用于一个项目,由政府保证收益,相对来说风险较小。收入债券是为了建设某个特定项目而发行的一类市政债券,以该项目建成投入使用后获得的收益偿还,如医院收入债券、港口收入债券等。收入债券不以政府信用作为担保,风险略高于一般责任债券,在美国的发行量也高于一般责任债券。

美国的市政债券具有相应的一级市场、二级市场和债券发行机制、监管机制以及信息披露机制,从19世纪初出现到今天,已经发展了近200年,体系建设相对完善,债券发行和流通也趋于稳定,在发行时可以选择公开发行也可以选择私募。在美国,市政债券的发行人、承销商等均受到美国证券交易协会(SEC)、市政债券规则制定委员会

(MSRB) 等自律性组织的共同监管，同法律法规和政策指导相配合，形成有效的监管和风险控制体系保护投资者。在市政债券的发行过程中，一般责任债券和收入债券本质上都是以政府信用作为担保发挥间接投资职能，以社会资本作为投资主体引导民间资本投资市政建设，收益本质上由政府进行担保，投资方向包括医疗、卫生、教育、基础设施、交通运输等公共事业的各个领域。美国市政债券具备期限长（一般都超过10年）、个人持有比例较高、AA级和A级债券占比较大、投入各公共事项金额均衡等特点。2015年，美国发行市政债券4031亿美元，占当年现价GDP的2.25%，其中以收入债券为主，在市政债券中占比达到55.6%。

相比较于英国的PPP模式，美国的市政债券和我国的城投债更加相似，都是以政府信用集结社会资本建设公共事业。不过在此过程中，美国并没有类似于我国城投公司这样的企业配合，而是政府进行直接投资。鉴于美国的市政债券发展时间较长，各方面的建设已经十分成熟，存在很多我们可以借鉴的经验，甚至很多相关学者发文指出城投债的未来发展方向就是市政债券。2008年金融危机时，美国政府为了缓解资金紧张的困境，发行了建设美国债券（Build America Bonds，BABs），以弥补市政债券等出现的融资问题。同时，政府在销售市政债券的过程中给予税收减免优惠，使得市场需求一直保持旺盛，以至于市政债券发行规模很大且平均收益回售期限稳定在15~20年。这也能有效吸收社会闲散资金促进社会发展、拉动就业。

投资领域的重新洗牌

城投公司投资领域的布局

分税制改革后，地方政府面临巨大的财政压力，叠加城镇化建设进程加快和官员业绩考核体制，城投公司的数量和规模迅速膨胀。在发展初期，城投公司承担的众多公益性项目是围绕土地财政来运营的。政府通过划拨国有资产存量、土地出让金或未开发土地等方式向城投公司注入原始资本，以政府信用担保或财政补贴承诺等方式帮助城投公司获得融资，城投公司利用资金实施基础设施建设，竣工后再由政府进行招商引资，从而推升土地价格。土地的增值收益用来偿还城投的融资成本或继续投资其他项目，这一阶段基本由政府承担债务偿还责任。

2010年6月，国务院发布《关于加强地方政府融资平台公司管理有关问题的通知》（国发〔2010〕19号），根据项目的公益属性和债务的偿债来源对城投公司债务进行清理。按照是否以盈利为目的和是否能够产生稳定的经营性收入，项目可划分为公益性项目、准公益性项目和非公益性项目（经营性项目）：公益性项目指为社会公共利益服务、不以盈利为目的，且不能或不宜通过市场化方式运作的政府投资项目；准公益性项目指采用市场化或与政府合作相结合的方式为社会公共利益服务，包括BT、BOT、TOT、PPP等项目融资方式，能够产生较稳定的现金流；非公益性项目是以盈利为目的开展的经营性项目，以市场化融资行为为主，具备稳定的现金流。不同项目间的界限并不绝对，随着政策和环境的变化，项目类型可以转化。

表4-1　不同项目类型的划分

公益性质	项目类型
公益类项目	（1）城市开发、基础设施建设项目，包括城市基础设施建设、市政建设、园区开发建设等； （2）土地开发项目，包括土地整理、土地储备管理等； （3）公益性住房项目，包括棚户区改造、保障房、安居房、安置房、经济适用房、廉租房等； （4）公益性事业，包括垃圾和污水处理、环境整治、水利建设等。
准公益性项目	（1）公共服务项目，包括供水、供电（电力）、供气、供热等； （2）公共交通建设运营项目，包括高速公路投资运营、铁路、港口、码头、机场（民航）建设运营、轨道交通建设运营、城市交通建设运营等。
非公益性项目	商业地产开发、产业投资等。

资料来源：公开资料整理

项目公益性质不同，城投公司的偿债资金来源和融资方式也有所差别。《国务院关于加强地方政府融资平台公司管理有关问题的通知》（国发〔2010〕19号）颁布后，城投公司的贷款增速开始放缓。2013年，《关于加强2012年地方政府融资平台贷款风险监管的指导意见》（银监发〔2012〕12号）对城投公司贷款提出"总量控制、分类管理、区别对待、逐年化解"的基本原则，虽然多数城投公司仍以银行贷款等间接融资方式为主进行融资，但越来越多的公司开始提高其直接融资比例。依靠"低成本、高效率"的优势，城投债增速大幅提高。

表4-2 三类项目偿债资金来源及融资方式概览

项目类型	偿债资金来源	融资方式
公益性项目	70%（含）以上来自地方财政资金，包括一般预算收入、政府性基金预算、国有资本经营预算收入、预算外收入等	(1) 针对存量在建项目，通过财政性资金或引入社会资本解决； (2) 针对新增项目，按照《公路法》、《国土资产管理通知》等可以继续融资的项目，以及经国务院核准的重大项目，可继续通过融资平台公司融资。
准公益性项目	财政性资金占偿债资金比例在30%至70%之间	(1) 对于在建项目，可以继续向符合国家政策的银行申请贷款； (2) 对于新增项目，仍可以通过银行贷款、发行城投债等传统方式进行融资，但贷款增速放缓，城投债发行增速则有所扩张。
非公益性项目	70%以上依靠自身收益偿还	需实现商业化运作，不再允许以地方政府融资平台的名义进行融资。

资料来源：公开资料整理

城投公司为承担基础建设项目资金缺口而产生，因而所承担的项目大部分为融资困难的公益性项目。这类项目收益率低，占用大量资金、资源，侵占了城投公司的经营性现金流，使得城投公司少有机会进行经营性投资。国发〔2010〕19号文出台后，城投公司的传统融资遭遇困难，资金问题成为其转型的又一问题。

政策引导下的投资领域转型

根据国家审计署的审计结果,到 2013 年 6 月底,全国地方政府共有 7170 家投融资平台公司。这些公司在管理体制、股权结构、资产负债、业务领域、经营绩效等方面存在较大差异,地方债务规模急剧膨胀,潜在风险不断加大。2014 年 10 月,国务院办公厅发布了《关于加强地方政府性债务管理的意见》(国发〔2014〕43 号),明确规定"剥离融资平台公司政府融资职能,融资平台公司不得新增地方政府债务"。财政部颁布《地方存量债务纳入预算管理清理甄别办法》(财综〔2010〕351 号),要求地方政府在 2015 年 1 月 5 日之前完成存量债务的清理和甄别工作并上报财政部。

国发〔2014〕43 号文颁布后,规范的地方政府举债融资机制仅限于:政府举债、PPP(即政府和社会资本合作)和规范的或有债务,不同融资形式分别针对不同收益性质的项目。从政府自身控制债务的角度出发,能够市场化运作的投资项目尽量交给市场,而无法完全市场化的就考虑政府举债和借助 PPP 来运作。

表 4-3 国发〔2014〕43 号文颁布后地方政府的融资途径

融资途径	适用范围	要求
政府债务	城投公司举借、拖欠或以回购(BT)等方式形成的债务中,确定由财政资金(不含车辆通行费、学费等收入)偿还的债务。 公益性项目由于不以营利为目的,缺乏稳定的经营性收入和现金流,大多由政府发行地方债或使用预算收入承担;对于能够产生一定现金流的准公益性项目,如无社会资本参与,则政府使用专项收入或政府性基金、发行专项债券融资偿还;经营性项目不得列为政府债务。	只能通过政府及其部门举借,不得通过城投公司等企事业单位举借,规定主体仅限省级政府,省级以下无举债权,市县可由省级政府代为举借,按照公益性事业有无收益分为一般债券和专项债券。

续表

融资途径	适用范围	要求
PPP模式	（1）鼓励社会资本通过特许经营等方式参与城市基础设施等有一定收益的公益性事业投资和运营。对于能够市场化的公益性项目，地方政府积极引入社会资本参与进来；对于能够产生一定现金流的准公益性项目，更多采用市场化方式运作，政府负责财政补贴和合理定价。 （2）经营性项目依然要求完全市场化，由企业自身收益对相关债务进行偿还，政府不承担兜底责任。	政府通过特许经营权、合理定价、财政补贴等事先公开的收益约定规则，使投资者有长期稳定收益。投资者按照市场化原则出资，按约定规则独自或与政府共同成立特别目的公司建设和运营合作项目。投资者或特别目的公司可以通过银行贷款、企业债、项目收益债券、资产证券化等市场化方式举债并承担偿债责任。政府对投资者或特别目的公司按约定规则依法承担特许经营权、合理定价、财政补贴等相关责任，不承担投资者或特别目的公司的偿债责任。
规范的或有债务	（1）政府负有担保责任的债务：城投公司举借，确定以债务单位事业收入（含学费、住宿费等教育收费收入）、经营收入（含车辆通行费收入）等非财政资金偿还，且地方政府提供直接或间接担保的债务。 （2）政府可能承担一定担保责任的债务：城投公司为公益性项目举借，由非财政资金偿还，且地方政府未提供担保的债务（不含拖欠其他单位和个人的债务）。政府在法律上对该类债务不承担偿债责任，但当债务人出现债务危机时，政府可能需要承担救助责任。	国发〔2014〕43号文规定：剥离融资平台公司政府融资职能，融资平台公司不得新增政府债务。地方政府新发生或有债务，要严格限定在依法担保的范围内，并根据担保合同依法承担相关责任。

资料来源：公开资料整理

在国发〔2014〕43号文规定"城投公司不得新增政府债务"后，城投债发行量高速增长的趋势渐缓。融资渠道（贷款、债券和信托）的收紧和大规模到期债务的叠加增加了城投公司的流动性风险，城投公司转型的出路无外乎两条：空壳类公司将被关闭，实体类公司逐渐转型为自我约束、自我发展的市场主体。

然而随着经济下行压力不断增加，基建需承担托底经济的重任却苦于没有投资主体,企业债券在促投资、稳增长中支持重点领域和重点项目融资的积极作用凸显,政策开始发生转向。2015年5月开始,以《国家发展改革委办公厅关于充分发挥企业债券融资功能支持重点项目建设促进经济平稳较快发展的通知》(发改办财金〔2015〕1327号)为标志,企业债发行管理趋于放松,对于存量主体的发债监管也不断放松。国家在鼓励城投公司继续参与城市基础设施建设的同时,在城市地下综合管廊建设、战略性新兴产业、城市停车场建设和养老产业四个领域放宽城投公司发债审批的限制,同步放松了城投平台向七大类重大投资工程包、六大领域消费工程以及一些重点领域投资的发债限制,合力引导城投平台投资转向这些领域。

表4-4 城投公司监管思路的变化

城投公司监管松绑的相关政策	变化
《城市地下综合管廊建设专项债券发行指引》(发改办财金〔2015〕255号)	通过放宽城投平台在这四个领域的发债审批限制,允许其作为项目主体,引导城投平台在这些领域继续参与城市建设任务。加大企业债券对城市地下综合管廊建设、战略性新兴产业、养老产业和城市停车场建设领域的支持力度,以引导和鼓励社会投入。
《战略性新兴产业专项债券发行指引》(发改办财金〔2015〕756号)	
《城市停车场建设专项债券发行指引》(发改办财金〔2015〕818号)	
《养老产业专项债券发行指引》(发改办财金〔2015〕817号)	
《项目收益债券管理暂行办法》(发改办财金〔2015〕2010号)	提出了债券募集资金用于特定项目的投资与建设,债券的本息偿还资金完全或基本来源于项目建成后运营收益的项目收益债券。
《关于在公共服务领域推广政府和社会资本合作模式的指导意见》(国办发〔2015〕42号文)	对城投公司参与地方政府PPP项目放开了限制。"不再承担地方政府举债融资职能、实现市场化运营的融资平台公司可作为社会资本参与当地政府和社会资本合作项目",为城投公司以社会资本身份继续参与基础设施建设提供了合法性。

续表

城投公司监管松绑的相关政策	变化
《国家发展改革委办公厅关于充分发挥企业债券融资功能支持重点项目建设促进经济平稳较快发展的通知》(发改办财金〔2015〕1327号文)及其补充说明	放弃过去针对企业发债数量的"21111"准则,全面扩大企业债发行主体范围,对符合级别要求的债券资金用途限制放松、降低企业债担保要求,并对2014年9月的政策收紧适当放松。从而使地方平台一定程度上松开国发〔2014〕43号文的紧箍咒,减少了城投公司通过发行企业债券进行融资的限制。 同步放松了城投平台向七大类重大投资工程包、六大领域消费工程以及一些重点领域投资的发债限制,合力引导城投平台投资转向这些领域。
发改委《关于进一步推进企业债券市场化方向改革有关工作的意见》	进一步放松企业发债主体限制的同时,改革行政审批制度,在申报流程、申报材料、审核效率和资金使用等多方面对企业债发行审批大幅度松绑。
财政部 人民银行银监会《关于妥善解决地方政府融资平台公司在建项目后续融资问题的意见》(国办发〔2015〕40号)	由于PPP推进速度没有达到预期,只能先行通过原有融资渠道解燃眉之急。

资料来源:公开资料整理,民生证券研究院

一系列政策松绑与指引下,城投公司投资领域由以往的偏重土地开发等公益性项目转向政策指向的养老、城市停车场等准公益性项目和战略性新兴产业投资等经营性项目。这些项目能够产生现金流,帮助城投公司在脱离政府担保的同时,作为社会资本出资方,以PPP形式参与项目运作并获得收益,实现市场化运营。随着城投公司经营性业务的增加,其盈利能力显著增强。

投资领域多元化

在政策变动的大环境下,除部分空壳类城投公司可能经清理而消失外,大多数城投公司依靠其已积累的大量资源和运作基础,具备继续存在的条件和意义。对于仍然承担大量公益性项目的城投公司,在地方政府注入资本金、财政补贴等政策的扶持下,下一步应大力拓展多元化业务,以摆脱城市建设开发类业务的局限,形成新的利润增长点,实现多层次、全方位的运营模式。

城投公司的投资转型应以自身重点业务为核心,将下属各子公司及业务板块进行合理有效的整合,实现平台公司整体集团化、控股化。积极展开准公益性或经营性项目投资,各子公司或按业务板块平行化运行,整体形成以自身城市建设重点业务为核心、其他相关业务板块共同发展的格局。根据公司自身的特点及优势,投资可以扩展到金融业务、旅游产业、轨道交通、物流运输、社区服务、文化产业等领域,创造新的经济增长极,从而弥补城市建设公益性项目的投入不足,提高公司经营能力,完成实体化并转为独立的市场主体。

城投公司与政府之间能否建立规范的法律和结算关系是未来改革转型的关键,PPP模式的应用和推广还面临着较大的挑战,项目吸引力、融资能力以及政府是否守信履约等成为PPP项目能否落地的重要因素。不同业务类型的公司面临不同的转型路径,部分城投公司的业务种类相对成熟和多元化,将继续在交通、公用事业、城市基础公共服务等功能性领域发挥支撑作用。

表 4-5　城投公司未来多元化转型猜想

领域	布局策略
金融业务	在"资本为王"的时代,城投公司与金融机构的关系更显得尤为重要。目前选择最多、最直接、最有效的方式就是介入金融业。如入股银行,参股金融企业,涉足小额贷款、产业/城市投资基金、金融租赁等,有些大型平台更是成立了金融控股集团、投资集团等。
旅游产业	我国旅游行业的健康快速发展为城投公司的转型提供了良好的契机,城投公司可根据自身背景及优势,适时介入旅游业,全面推动生态旅游,深度开发文化旅游,大力发展红色旅游等。如:青岛城投依据其资源优势大力打造旅游业务板块,成为其公司发展核心竞争力;广州城建旗下文化旅游公司依托文化旅游核心产业发展逐步壮大。
轨道交通	我国正在形成以地下铁道为主干、多种类型并存的城市轨道交通体系,其全面快速的完善发展为平台公司多元化业务提供了机会。如天津城投下属成立的地铁集团,目前其承建业务范围逐步向周边乃至全国扩展,业务内容也逐步向轻轨交通、有轨电车、BRT、自动化交通系统等方面拓展。

续表

领域	布局策略
物流运输	随着信息化时代的快速发展，我国物流运输业也紧跟脚步，尤其是港口、航空等领域取得了骄人成绩且日趋发展成熟，整体行业发展前景较为广阔，为平台公司转型发展提供了机遇。如苏州城投的港口业务，其在公司整体发展中发挥了极为重要的作用，在全国各大港口中极具竞争力。
社区服务	"医疗、养老、商业、文化、教育"五位一体的社区服务中心，成为社区服务业行业的至高使命。展现平台公司现代服务业能力是一个前进的方向。如：青岛城投另一大业务亮点就是社区服务业，它以社区网络化管理为平台，整合医疗、养老、文化等各种服务资源，已打造成为一个社区服务的综合供应商。
文化产业	在文化产业方面，涉足的城投公司比例较少，但并不缺乏亮点。如：南宁城投的全资子公司——东盟商务投资有限责任公司，其下共设12个子公司，以文化产业为中心大力拓展相关产业，涵盖广告传媒、文化影视、文化艺术服务、书刊音像等多项业务，发展较快。

资料来源：公开资料整理

从国际信用评级有限公司（简称"中诚信国际"）的统计数据来看，城投公司按照业务、定位、职能不同，可以大致划分为交通类、公用事业类、土地整理及基建类和投资控股类，不同类型城投公司未来的业务转型方向有所不同。

表4-6 不同类型城投公司的转型特点

城投公司类型	转型特点
交通类	多集中于省级和较大规模的市级，现金流和盈利能力较为稳定，与政府的关系较为明确，此类公司的债务负担较重，未来新增投资规模较大且属于政策鼓励的范畴，受到政策冲击的影响相对较小，应维持现有稳定的运营模式
公用事业类	涉及水电燃气、垃圾环保、污水处理和管网设施等，具有部分稳定的现金流和政府补贴属性，或将维持现金流的平衡，未来比较适合以PPP模式进行改造，但有一定难度
基础设施和土地开发类	受土地市场和地方财政收入双下滑影响，土地出让返还或BT回购等现金流出现较大降幅，此类城投公司的业务与财政体制密切相关，改革难度较大

资料来源：中诚信国际

表 4-7 不同类型业务的转型特点

业务种类	特点	未来可能模式及难点分析
省级高速投资集团	建设任务重、负债水平较高，运营资产规模较大，通行费收入现金流稳定，但很难满足新增建设的投入需求	业务模式不变，收费模式延续，部分还贷路可能会转为经营性模式
单体运营收费路桥	建设压力小，现金流充裕，债务负担相对轻松	业务模式不变，收费模式延续
市级交投平台（类市政类基础设施平台）	除了部分收费路外，大多从事普通非收费的公益性公路建设或者代建业务，债务压力较重	参照一般城投公司改革方向，部分转型为城市交通设施与商业结合的综合体运营商
地铁、城际建设和运营	准公益性质，建设周期长，债务压力大，即使运营也靠政府补贴，未来现金流覆盖有限；由于建设资金规模太大，地方政府出部分资本金，未来偿债依靠土地开发、站点综合开发等	预计地铁和城际现行的投融资模式不变，政府给予部分资本金及相应的运营补贴，部分项目或采用 PPP 模式运营
机场集团、港口集团	模式成熟，部分企业有在建压力	现行的投融资模式不变，部分项目或采用 PPP 模式
城市公交运营	除了一线城市大多为独立运营的实体外，大多数城市公交均放在城投公司下成为子公司。债务压力一般，主要是盈利能力较差，需要地方政府给予补贴以维持盈亏平衡	维持现有运营模式或引入民营资本
土地储备和一级开发	与地方土地财政关系紧密，债务负担较重，地方以土地出让金或土地出让收益权作为偿还来源	模式不确定，改变现有模式意味着政府收回土地收益权，剥夺平台的土地一级开发职能，操作难度大，土地财政的模式可能会发生变化；维持现有模式的可能性较小（因为城投成本和收益现金流严重不匹配）；许多城投公司已有二级房地产开发市场业务，部分城投公司或自行摘牌或与其他地产企业形成联合体从事二级市场开发，撤出一级市场向二级市场过渡也是方向之一

续表

业务种类	特点	未来可能模式及难点分析
市政基建和公共设施	代建或BT模式，偿债依靠政府回购现金流，但目前基本上政府回购的较少或不履约	BT模式可能退出，回归到原有的普通代建（根据工程进度拨款）。在建项目中公益性为主的项目纳入预算，政府直接拨款完成余下工程，但政府资金难以全部到位，预计诸多工程面临停滞；已建成项目的回购是否履行还是未知；拟建项目代之以PPP模式，面临谈判时间过长和操作难度问题
公用事业（水电、燃气、垃圾、污水处理等）	准公共产品，现金流部分或大部分覆盖，一般为政府授权经营	最有可能采用PPP模式的领域，但过去地方政府将部分资质较好的项目出售给民营企业，新的项目投资成本较大、收益率偏低，难以吸引投资人
园区或新区开发	园区土地、开发、基建和房建、招商引资，部分股权投资业务，模式与一般城投公司类似	包括土地和基建业务的园区开发改革难度较大，模式尚不确定
保障性住房	公益性较强，分为专做保障房和兼做保障房两种	模式不确定，或维持现有模式
旧城改造、棚户区改造	属于地方重点项目，大部分债务依靠旧城的土地转让收益平衡，且这部分土地和房地产价值一般较高	模式不确定，有可能向二级开发商开发旧城模式转变
产业投资和实体	业务较为市场化，有现金流	模式不变
股权投资类或孵化器功能	业务较为市场化，有现金流	模式不变

资料来源：中诚信国际整理

投资模式的规范与创新

城投公司投资模式

城投公司代表地方政府对城市基础设施进行投资，项目的投资资金主要来自政府财政拨款（项目资本金）、银行贷款、发行债券、信托资金等,项目建设方式包括项目回购、BT 模式,或者政府和城投公司之间不签订合同或协议,按照项目投资额进行财政拨款。2003 年 2 月,建设部发布《关于培育发展工程总承包和工程项目管理企业的指导意见》,首次明确工程建设可以采取 BT 模式。2004 年发布的《国务院关于投资体制改革的决定》,明确规定放宽社会资本的投资领域,允许社会资本进入法律法规未禁入的基础设施、公用事业及其他行业和领域。这是 BT 模式在我国推行的两大政策背景。

BT 模式可看作一种建设模式,也可看作一种政府的融资方式。在城市基础设施建设中引入 BT 模式,可使政府和 BT 承包商获得双赢:一方面,城市基础设施建设需要大量资金,这些建设资金仅靠政府财政拨款确实难以支撑,而 BT 模式可在建设的过程中,将非政府资金(社会资本)引入到建设中,缓解政府的财政困境。另一方面,BT 模式能够拓宽城投公司的投资渠道,以 BT 协议做质押担保,获得融资、建设项目,最后由地方财政回购设施,城投公司以回购款偿债并获得收益,在项目风险可控的背景下增加盈利和现金流。

1. BT 模式运作方式

BT 投资模式是 BOT 的一种形式,即 Build – Transfer(建设—转让)。BOT 全称为"Build – Operate – Transfer",即"建设—经营—转让",由政府或政府授权项目业主通过招投标方式选择拟建设基础设施项目的投资者,并订立合同授权中标投资者对项目进行融资、投资、建设、经营、维护,在协议规定的时期内通过经营回流资金、获取收益。协议期满时,投资者根据协议将该项目无偿移交给政府或政府授权项目业主。BOT 模式最大的特点是基础设施国有项目民营化,也就是将基础设施的经营权有期限地抵押以获得项目融资。在这种模式下,首先由项目发起人通过投标,从委托人手中获取某个项目的特许权,然后组成项目公司并负责进行项目的融资、建设和运营,在特许期内,通过项目的开发运营以及当地政府给予的其他优惠回收资金以还贷,并取得合理的利润。特许期结束后,应将项目无偿地移交给政府。在 BOT 模式下,投资者一般要求政府保证其最低收益率,一旦在特许期内无法达到该标准,政府应给予特别补偿。这一模式使得政府能够达到不占用财政资金便向民众提供公共服务的效果。

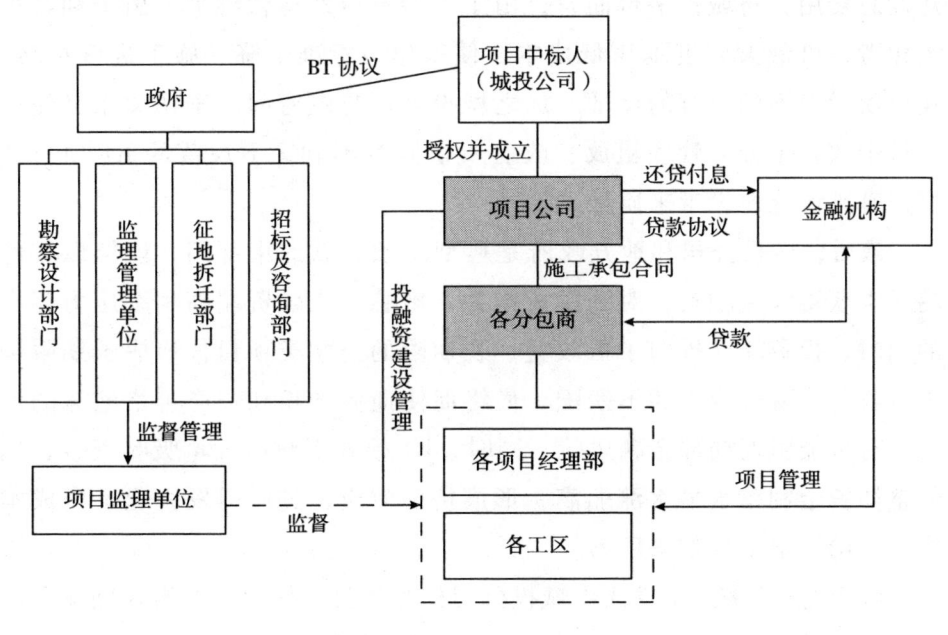

图4-1 BT模式运作流程

资料来源:公开资料整理

2. BT模式不可忽视的缺陷

首先,可能造成项目分包严重和变相带资建设。由于BT模式中政府只与城投公司发生直接联系,项目企业负责建设,资质不足的城投平台可能将建设项目分包,造成变相带资建设。后期政府回购资金如不能及时到位,造成延迟支付或以划拨土地开发权等国有资产的方式向城投公司抵债,将使城投公司面临偿债压力。

其次,城投公司投资效率偏低,缺失监管建设费用可能超标严重。由于受政府指派建设BT项目,建设成本有财政兜底,城投公司往往缺乏预算约束,几乎不计成本地进行融资。融资成本也因项目中间环节多而增高,给财政带来额外负担。此外,城投公司承担的BT项目往往存在地方垄断和地方保护,缺乏竞争的环境使得项目公司不计成本、疏于管理,甚至滋生腐败。在BT项目中,政府将按照订立合同支付预算的建设总费用,对城投平台而言,由于不涉及后期运营维护,出于利益最大化考虑可最大限度地压低成本,使得建设标准下降、施工进度拖缓、建设质量得不到应有的保证。加之城投公司与政府间的密切关系又使得项目中政企不分、管理粗放、政府质量监督不利,不规范的BT项目给城市基础设施建设带来质量风险。

最后,城投公司和地方政府是典型的预算软约束部门,能够以较低的成本获得大量融资,对利率成本并不敏感。在融资端高利率压力存在的同时,投资端又投向了低收益、长期限的公益类项目,造成了期限和项目收益、融资成本的不匹配,最终促使债务堆积和资产价格泡沫的形成,有可能引发局部金融风险。同时,BT模式下政府大量吸收资金,也使整体资金利率水平水涨船高,形成挤出效应,进而引发企业融资成本提高,给资金市场带来压力。

对于上述传统BT模式中城投公司作为项目主体存在的潜在问题,深圳地铁5号线进行了适当创新,通过双层监管设计以及更多的权力下移,提高了项目的建设和管理效率。在项目中,深圳地铁公司(属于城投公司)作为地铁5号线BT项目的发起人和项目建设单位,负责工程总体规划、初步设计。而中国中铁作为地铁项目的项目承办人,承担BT项目投融资和项目设计施工总承包职责,通过BT项目公司实现项目投融资和建设期项目管理职责,但不具备BT项目的绝对控制权(不是建设单位),对监理单位也没有委托权。项目组另外成立了中铁南方公司为地铁5号线BT项目的项目公司。

一方面,深圳地铁作为项目发起人,与中国中建一起接受地铁5号线建设管理办公室的监督管理。强约束下,深圳地铁的权利限于项目初步设计,更多的项目管理包括设计、融资、施工等,都由项目承办人及其组建的项目公司负责,实现了设计、施工一体化的项目管理。

另一方面，项目承办方及其项目公司拥有更多项目权利的同时也承担了更多的责任。为了降低经营风险，提高项目收益率，项目承办方有足够的动力提高项目管理效率。在城投公司作为项目投资主体的时候，这种激励是不存在的。

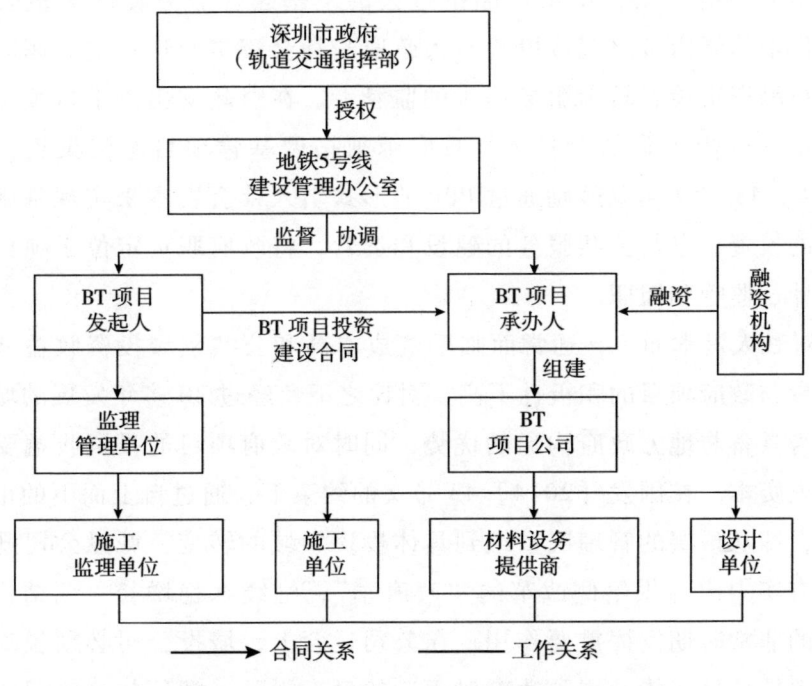

图 4-2 深圳地铁 5 号线 BT 项目组织流程

投资模式的改进与创新

1. 投资模式转型的必要性

鉴于 BT 模式存在项目投资效率不高且质量无保障、预算软约束进而容易导致融资成本过高、地方债务高企等弊端，财政部财预〔2012〕463 号文对政府举债进行了规范，仅允许保障性住房和公路项目建设可采取 BT 回购形式进行，其他公益项目不再允许 BT 融资。经营性项目则尽量采取股权合作或合资方式经营，以利于后期可持续性融资。对于地方政府和城投公司而言，选择新的投融资模式、理清两者的责任关系势在必行。

对地方政府而言，作为公共服务和公共产品的供给方，需要同时实现三个方面的转变：供给产品由过去的重基建轻服务转向侧重公共服务；供给体制由政府直接投资转为政府与社会资本合作；政府职能由过去的投融资决策者转为服务提供的监管者。在财政支出需求持续增长而收入增速逐步下降的背景下，政府亟须拓展基建项目融资渠道，国发〔2014〕43号文明确鼓励通过PPP的形式引入社会资本来实现基础设施建设的投资，参与公共服务的建设和运营，将政府职责定位于项目合约的设计、监管和履职。

对私人资本而言，通常面临融资成本高和公共领域投资收益低的两难，参与政府项目的积极性不高。对比之下，经过20多年发展的城投公司本身具备与地方政府沟通的优势，同时对政府项目的投资收益要求低于私人资本。在国发〔2014〕43号文的约束下，通过自上而下的市场化改革，即从顶层的管理层重组到具体投资领域的转变，城投公司既有优势又有实力成为供给侧改革的"政府军"，继续在稳增长、调结构、防风险的非常时期发挥重要作用。在公司运营上，城投公司必须脱离传统的公益性项目职能，摆脱政府对运营的过度干预，规范与政府间的法律和结算关系，提高资金使用效率，实现自负盈亏、自担风险。

目前，我国正处于公共产品不断增长的需求和受到约束的供给之间缺口不断扩大的时期，旧的完全由政府主导的基建投融资模式（BT模式）面临改革，PPP模式成为我国基础设施投融资改革的重要方向。从合作关系而言，BOT中政府与企业更多的是垂直关系，即政府授权私企独立建造和经营设施，而不是与政府合作。在PPP模式下，社会资本通过提高管理效率和质量来获得相应的投资回报，能够缓解财政预算软约束带来的投资效率较低、成本偏高、债务高企困境，使得政府与社会资本能够实现风险共担和利益共享。

2. PPP 模式具体运作

PPP 全称为 Public – Private – Partnerships，即"公共部门－私人企业－合作"的模式，以各参与方的"多赢"为基本理念。十八届三中全会提出，"推进城市建设管理创新。建立透明规范的城市建设投融资机制，允许地方政府通过发债等多种方式拓宽城市建设融资渠道，允许社会资本通过特许经营等方式参与城市基础设施投资和运营，研究建立城市基础设施、住宅政策性金融机构。"通常模式是地方政府通过政府采购的形式与中标单位组建的特殊目的公司签订特许合同，由特殊目的公司负责筹资、建设及经营。政府通常与提供贷款的金融机构达成协定，使特殊目的公司能比较顺利地获得金融机构的贷款。

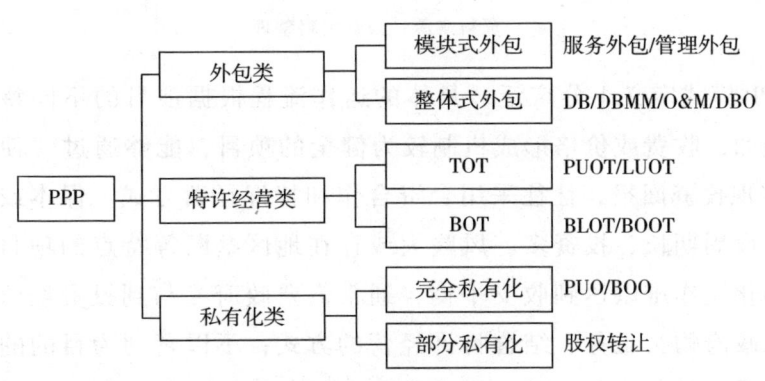

图 4–3　PPP 模式分类

资料来源：公开资料整理

PPP 模式的实质是政府通过给予私营公司长期的特许经营权和收益权加快基础设施建设及有效运营，具有三个重要特征：伙伴关系、利益共享和风险共担。政府和市场主体以平等民事主体的身份订立合作协议，由社会资本承担设计、建设、运营、维护基础设施的大部分工作，确立科学合理的利润调节机制，确保社会资本按照协议规定的方式取得合理的投资回报。政府部门负责基础设施及公共服务价格和质量监管，以保证公共利益最大化。一般来说，项目设计、建设、融资、运营维护等商业风险原则上由社会资本承担，而政府则承担政策、法律和最低需求等风险。

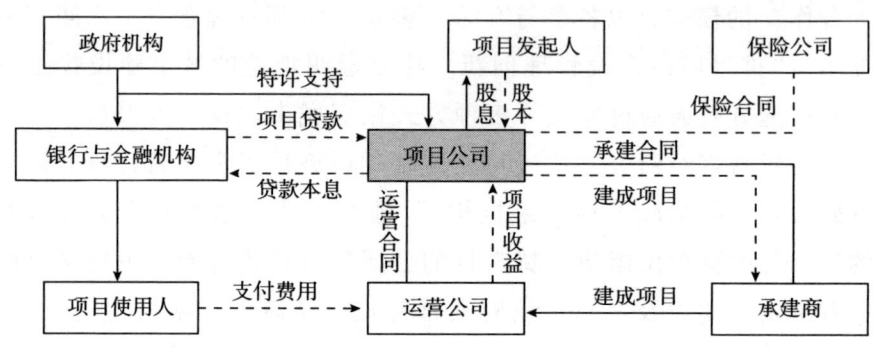

图4-4 PPP模式的具体架构

资料来源：公开资料整理

PPP模式定义十分广泛，具体的运作流程根据项目的不同特征而调整。例如，收费或价格形成机制较为健全的项目，能够通过"使用者付费"实现投资回报，往往采用合资合作和特许经营方式。保本或利润较少但建设周期长、投资多、风险大或存在地区垄断等特点的项目，完全的市场化运作难以达到收支平衡，通常需要政府参与到投资经营中，往往采用政府购买服务、结合特许经营的方式；不以营利为目的的公益性项目几乎不具备收入来源，往往采取政府购买服务的方式。

（1）政府代表方参与PPP项目——Public

PPP中的第一个P——Public（公共部门）在我国明确为政府部门。公共基础设施由于自身的非排他性和自然垄断性，具有"非市场性"特征，一般应由政府介入，以满足公众和社会发展的需要。政府应转换角度，放弃管理者思维，减少行政约束，依照法律与约定对社会资本投资者承担特许经营权、合理定价、财政补贴等相关责任，不承担投资者或特别目的的公司的偿债责任。

从项目运行全过程看，政府在项目中承担了以下五个方面的职责：第一，按照合约赋予社会资本基础设施和公用事业的特许经营权；第二,依据项目运行情况和绩效评价结果健全公共服务价格调整机制,制定公共服务合理价格;第三,引入价格和补贴动态调整机制,以运营补贴等方式为社会资本提供公共服务的对价,以绩效评价结果作为对价支付依据;第四,对社会资本进行监督以保障公共服务持续有效,即按照合同约定对项目建设情况和公共服务质量进行验收,督促不合格者进行整改和补救;第五,如有移交阶段,在项目资产移交时进行性能测试、资产评估和入账登记,并按照国家统一的会计制度进行核算,在政府财务报告中进行反映和管理。

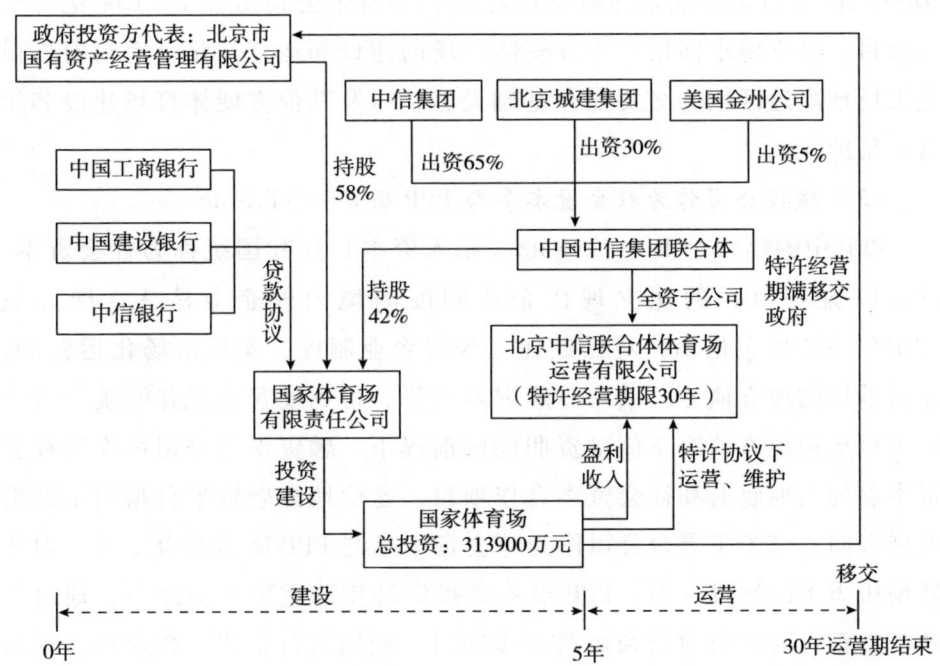

图 4-5 以国家体育场 PPP 项目为例

资料来源:公开资料整理,民生证券研究院

因用途多样,国家体育场有较好的盈利预期,为 PPP 模式创造了条件。中信集团出资 65%,北京城建集团出资 30%,美国金州公司出资 5%,组成中国中信集团联合体。2003 年 8 月 9 日,中国中信集团联合体分别与北京市人民政府、北京奥组委签署《特许权协议》《国家体育场协议》，与北京国有资产经营管理有限公司签署《合作经营合同》，共同组建项目公司——国家体育馆有限责任公司，负责国家体育馆的融资、建设工作。项目竣工后，北京中信联合体体育场运营有限公司在30年特许经营期内，负责国家体育场赛会运营、维护工作，运营期满后，将国家体育场移交给北京国有资产经营管理有限公司。北京市政府根据特许权协议相关要求，提供了许多优惠政策和资金支持，其中项目用地土地一级开发费用仅为1040元/平方米，而相邻地段商业用地地价高达10000元/平方米。北京国有资产经营管理有限公司出资18.154亿元参与项目，且不要求回报。为方便体育场的建设和运营，北京市政府提供施工场地附近区域的必要配套基础设施，以及其他方便体育场建设和运营的帮助。

（2）城投公司作为社会资本参与PPP项目——Private

PPP中的第二个P——Private（私人资本）在我国统称为社会资本，泛指以盈利为目的建立现代企业制度的境内外企业法人。国办发〔2015〕42号文指出：对已经建立现代企业制度、实现市场化运营的，在其承担的地方债务已纳入政府财政预算、得到妥善处置并明确公告今后不再承担地方政府举债融资职能的前提下，融资平台公司可作为社会资本参与当地政府和社会资本合作项目。这给地方融资平台指明了新的发展方向，赋予了平台公司作为社会资本参与PPP项目的合法性。对于转型压力下的城投公司，PPP模式是投资转型的重要方向之一，通过与政府签订合同参与建设和运营合作项目，利用银行贷款、企业债、项目收益债券、资产证券化等市场化方式举债，可依靠项目运营获得收益并依靠政府运营补贴偿还债务。

从项目运行全过程来看，城投公司承担了以下四个职责：第一，按照合约取得基础设施和公用事业的建设、经营权；第二，利用自有资金或项目融资按照市场化原则出资，依合约完成基础设施建设并通过政府验收；第三，根据不同运作方式，运营或管理基础设施、提供有效的公共服务,并借此获得长期稳定收益、财政补贴以偿还建设所承担债务;第四,合约规定的经营期满后将全部设施设备无偿移交政府。

以长春市城市发展集团(下文简称长发集团)参与的长春市养老产业 PPP 项目为例。在该 PPP 项目中,长发集团通过成立全资项目子公司并组建"幸福长春"基金,成立 SPV 公司,撬动各方面社会资本共同参与。SPV 公司负责项目的投资、运营,地方财政部门每年给予 SPV 公司运营期财政补贴,但在民政局的监管下,需要符合绩效考核标准之后才能划入。这充分发挥了财政资金加杠杆,政府监督、私人资本投资并提供高效服务的 PPP 要义。该项目已被财政部列入第二批全国示范项目。

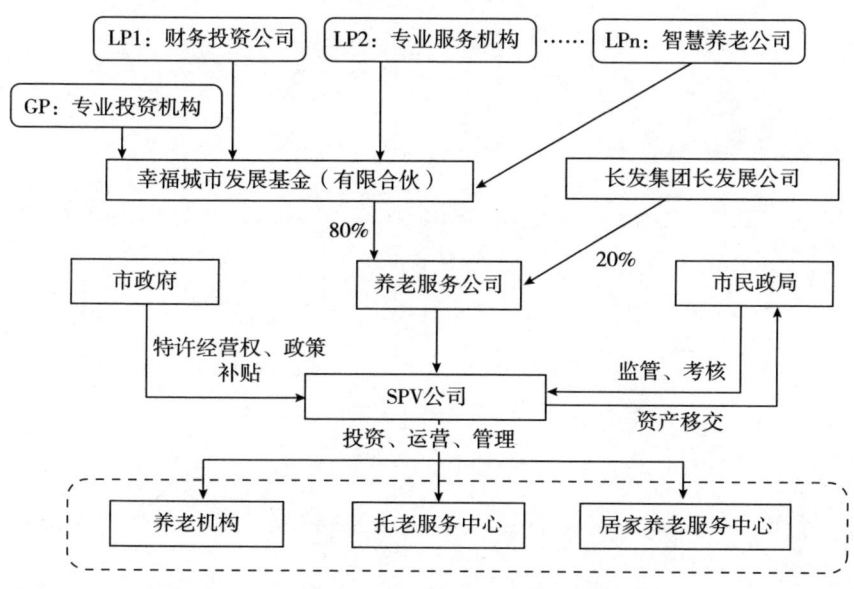

图 4-6　长发集团养老产业 PPP 项目架构图

第 5 章
规范中谋求融资创新

间接融资占据重要地位

  与发达国家甚至印度等发展中国家相比，我国间接融资在整个社会融资规模中占比很高，尤其在 2008 年年底出台的"四万亿"经济刺激计划的推动下，商业银行在 2009 年的放贷量呈爆发式增长，其中地方政府融资平台贷款余额占比达到 40%，截至 2009 年年末，地方融资平台贷款余额为 7.38 亿元，同比增长 70.4%。

  但间接融资也具有一定的局限性：资金供需双方的直接联系被割断，不利于供给方监督和约束资金的使用；金融中介机构的存在增加了需求方的筹资资本，降低了供给方的投资收益。另外，地方政府融资平台多以土地为抵押的经营模式也对间接融资的发展造成限制。

  由于地方政府融资平台公司举债融资规模增长过快，运作不够规范，地方政府违规或变相提供担保，偿债风险加大，外加部分银行业金融机构风险意识薄弱，融资平台公司信贷管理缺失等一系列原因，2010年6月10日，国务院发布了《国务院关于加强地方政府融资平台公司管理有关问题的通知》（国发〔2010〕19号），要求地方政府和相关部门在年内清查地方融资平台债务，并对融资平台公司进行清理规范。

在此背景下，直接融资在整个社会融资规模中的占比开始逐渐增加，间接融资的内部结构也发生了变化：在国发〔2010〕19号文件及相关文件公布之后，地方政府融资平台公司融资能力受到严重削弱，信托和融资租赁行业却开始快速发展，间接融资中占比逐年提升。

截至2015年年底，全国融资租赁企业总数为4508家（其中，金融租赁企业49家，非金融租赁企业4459家），比2014年年底增加104.72%。通过进一步统计，全国在运营的注册融资租赁公司约1350家，其中，金融租赁公司25家，内资试点租赁公司123家，外商投资租赁公司1202家，注册资本金合计超过1022亿元。

2015年年末，全国68家信托公司管理的信托资产规模为16.30万亿元，较2014年年末增长16.60%，信托业自此跨入"16万亿元时代"。行业转型初露成效，业务结构日趋合理，事务管理和投资功能显著增强，资产主动管理能力明显提升，资金供给端与资产需求端匹配度不断提高，为2016年供给侧结构性改革条件下信托行业的新发展和深层次调整奠定了良好基础。

与其他间接融资方式一样，信托和融资租赁行业依然存在融资成本较高等问题。

虽然多数平台公司现仍以银行贷款等间接融资方式为主进行融资，但大部分公司都逐步意识到直接融资"低成本、高效率"的优势，越来越多的公司开始提高直接融资比例，置换高成本债务，优化资产负债结构。现实情况中也不难看出，近年来直接融资逐渐取代间接融资乃大势所趋。

表 5-1　间接融资和直接融资的优缺点对比

	间接融资	直接融资
优点	（1）银行等金融机构网点多，吸收存款起点低，可提高金融活动规模效益及资金使用效率； （2）融资工具多样化，可便利满足资金供需双方需求； （3）多样化业务分散风险，资金安全性高。	（1）资金供需双方直接联系，可根据各自的融资条件合理配置资金，提高使用效率； （2）融资成本较低而投资收益较高。
缺点	（1）对需求方而言增加了筹资成本，对供给方而言降低了收益； （2）由于在供求双方中加入了中介，隔断了供需双方的直接联系，不利于供给方监督和约束资金使用，容易形成不良资产。	（1）债权人风险大； （2）直接融资制约条件比较多。
举例	银行贷款、银行承兑汇票、存单、信用证等	商业票据、借贷凭证、股票、债券、产业投资基金等

资料来源：民生证券研究院

直接融资成为后起之秀

直接融资是资金直供，与间接融资相比，投融资双方都有较多的选择自由，而且投资者收益较高，筹资者成本较低。但由于筹资方资信不同，投资方即债权人承担的风险程度也存在差异，且部分直接融资渠道的资金具有不可逆性。近年来，随着金融市场的不断发展，城投公司发行债券的规模快速扩张，包括企业债、公司债、短融中票等，成为重要的发行主体。

企业债

企业债是指从事生产、贸易、运输等经济活动的企业发行的债券，由中央政府部门所属机构、国有独资企业或国有控股企业发行。根据我国企业债券的期限划分，短期企业债券期限在 1 年以内，中期企业债券期限在 1 年以上 5 年以内，长期企业债券期限在 5 年以上。2015 年我国企业债券发行规模达到 3421.02 亿元，与 2014 年相比下降了 59.62%。

一直以来，城投公司是企业债最主要的发行主体，发行量达到市场总规模的 80% 以上。地方投融资平台公司通过发行债券进行融资，符合提高直接融资比重的要求。相对于银行贷款等间接融资方式，债券融资在融资成本、融资期限以及流动性等方面的优势更为适应发行人和投资人的需要。目前，已发行的城投债券主要用于城市给排水管网设施、道路、桥梁、燃气、热力、垃圾和污水处理等市政基础设施、江河湖泊治理、保障房建设和棚户区改造、产业园区基础设施、城市轨道交通、城市文化和体育设施、地震灾后重建等领域，对地方经济社会发展、城市设施改善、污染治理和环境保护等，都起到了积极的作用。

城投债券的发行有着非常严格的条件，除了要满足《证券法》《企业债券管理条例》等法律法规规定的发债条件外，还必须符合一些基本的条件：企业必须连续三年盈利且三年平均净利润能够覆盖债券一年利息；企业发行的债券余额不得超过其净资产的 40%；募集资金投向必须符合产业政策，所投项目必须经过合规性审查。国家发改委还规定，从 2010 年起，只有列入全国财政收入百强县的县级及县级以上政府投融资平台公司才能申请发行城投债券。为了将城投债券的发行与地方政府性债务风险的控制相结合，如果一个地方的累计政府性债务占财政总收入的比例超过 100%，就不得再通过发行"城投债券"新增政府性债务；为了控制地方政府"本届发债下届还钱"的道德风险，针对城投债券还安排了专门的偿债均摊机制，也就是将债券还本的压力在债券存续期内进行合理分摊，避免在最后一年累积过大的还本压力和风险。此类严格的规定使得很多投融资平台公司难以满足发行"城投债券"的资格和条件，一定程度上控制了城投债的发行规模，也降低了"城投债券"的风险。

近几年来，国务院相继公布了一系列关于加强地方政府债务管理的文件，中央对于地方性政府债务要求的提高对政府财政结构的影响十分深远，发行城投债成为地方政府性融资平台融资的重要手段。

表5-2 国发〔2014〕43号文之后地方政府性债券管理相关文件

主体	政策	主要内容
国务院	《关于加强地方政府性债务管理的意见》（国发〔2014〕43号）	剥离融资平台公司政府融资职能，融资平台公司不得新增政府债务。受此影响，平台传统融资渠道（贷款、信托和债券）融资全面受限。
国家发展和改革委员会	《关于进一步改进和规范企业债券发行工作的几点意见》	企业发行企业债券应实现企业信用和政府性债务、政府信用的隔离，不能新增政府债务。该文件延续了国发〔2014〕43号文对城投公司发债的严格管理。
	《国家发展改革委办公厅关于充分发挥企业债券融资功能支持重点项目建设促进经济平稳较快发展的通知》（发改办财金〔2015〕1327号）	地方平台一定程度上脱离国发〔2014〕43号文的紧箍咒；
	对发改办财金〔2015〕1327号文件的补充说明	进一步放松企业债发行，降低企业债发行门槛，资金使用范围再次放松。
	《关于简化企业债券审报程序加强风险防范和改革监管方式的意见》（发改办财金〔2015〕3127号）	简化企业债券审报程序。
	《关于进一步推进企业债券市场化方向改革有关工作的意见》	在进一步放松企业发债主体限制的同时，改革行政审批制度，从申报流程、申报材料、审核效率和资金使用等多方面对企业债发行审批大幅度松绑。
交易所	《公司债券发行与交易管理办法》（中国证监会令第113号）	新公司债规定。本办法规定的发行人不包括地方政府融资平台公司，不过具体执行中，对平台公司的把握尺度有一定空间。

资料来源：公开资料整理

创新品种的企业债

多年来,大规模的基础设施投资拉动是维持我国经济高速增长的重要原因之一,但在这个过程中,地方政府通过融资平台也积累了大量的债务,且规模不断增加,债务风险不断积聚,为中国经济的健康发展埋下了一颗"定时炸弹"。

为化解地方政府债务风险,中央政府出台了大量政策以规范地方政府的融资行为。监管部门在不断提高政府平台的发债门槛、抑制地方政府债务过快增长的同时,也积极研究政府性债务的替代产品,以扩大直接融资规模,发挥资本市场服务实体经济的作用。项目收益类债券、专项债、绿色金融债等创新品种的企业债正是在这一背景下推出的。

1. 项目收益债

2014年7月11日,银行间市场交易商协会发布《银行间债券市场非金融企业项目收益票据业务指引》,正式推出了项目收益票据(PRN)这一新型债券品种。7月15日,首单项目收益票据——郑州交投地坤实业有限公司项目收益票据(14郑州地坤PRN001A和14郑州地坤PRN001B)成功发行。作为我国债券市场重要组成部分的企业债监管部门,国家发展和改革委员会也很快推出了类似产品。2014年12月30日,发改委核准广州市第四热力电厂垃圾焚烧发电项目试点发行项目收益债(14穗热电债),为项目收益类债券增添了一个新品种,但14穗热电债在推出不久后就因缺乏规范管理办法而暂停,之后管理办法几易其稿。2015年8月5日,国家发改委办公厅在网站上发布了《关于印发〈项目收益债券管理暂行办法〉的通知》(发改办财金〔2015〕2010号),标志发改委管辖下的项目收益债券管理规定正式出台。

非金融企业发行的项目收益债是以项目产生的经营性现金流为主要偿债来源的债务融资工具,项目包括但不限于市政、交通、公用事业、教育、医疗等与城镇化建设相关的、预计能产生持续稳定经营性现金流的项目（具体包括棚户区改造、交通枢纽工程、水电燃气等公用事业、垃圾处理、收费道路桥梁等）。

相比普通平台债，项目收益债具有以下优势：首先，品种无通道限制，只要募投项目符合国家产业发展政策、收益自营平衡，均能申报发改委。其次，融资规模不受累计债券余额小于公司净资产40%的限制。再次，母公司可以作为项目公司的第一差额补偿人（含担保性质方），在债项等级不够时，母公司的集团公司如果评级在AA及AA+以上则可以作为第二差额补偿人起到增信作用。最后，债项评级注重差额补偿人的盈利能力，对项目公司的经营能力无限制。

除此之外，项目收益债最长发行期限可至30年，涵盖项目建设、运营与收益整个生命期。另外，项目收益债的发行方式包括公开发行和非公开发行两类，但非公开发行的债项评级必须达到AA。

表5-3 项目收益债和城投债的比较

	项目收益债	一般企业债
债务导向	项目导向，偿债资金以项目的现金流为来源，理论上不影响地方政府负债率（除非发生财政补贴）	地方政府信用导向，存在地方政府担保，计入地方政府债务
资金用途	项目收益债对资金用途有严格限制，只能用于该项目建设和运营，不得置换项目资本金或偿还与项目有关的其他债务，但偿还已使用的超过项目融资安排约定规模的银行贷款除外	城投对资金的运用比较随意，可以做项，可以补充流动性资金，也可以借新还旧
担保方式	一方面，来源于财政补贴且占项目收入的比重规定了50%的上限；另一方面，来源于外部增信：项目收益债设置了差额补偿机制，其偿债主体是企业	地方政府隐性担保

资料来源：公开资料整理

政府对于项目收益类债券寄予很高的期望，希望能够化解地方政府融资平台债务风险。未来城投债将会逐渐萎缩，但是公共性融资需求不会消亡，必然需要新的替代产品，包括项目收益类债券、地方政府债券以及PPP模式等，其中项目收益债以项目自身的现金流作为还款来源的特性正好契合了"不增加政府偿债责任"的需求，未来具备广阔的发展空间。

2. 四大专项债券

专项债券是指地方政府为筹集资金建设某专项具体工程而发行的债券，对于地方债券的偿还，地方政府往往以项目建成后取得的收入作为保证。

2015年4月9日，国家发改委印发《战略性新兴产业专项债券发行指引》《养老产业专项债券发行指引》《城市地下综合管廊建设专项债券发行指引》《城市停车场建设专项债券发行指引》，主要加大债券融资方式对信息电网油气等重大网络工程、健康与养老服务、生态环保、清洁能源、粮食和水利、交通、油气及矿产资源保障工程等七大类重大投资工程包，以及信息消费、绿色消费、住房消费、旅游休闲消费、教育文体消费和养老健康消费等六大领域消费工程的支持力度，拉动重点领域投资和消费需求增长。

其中，战略性新兴产业专项债券鼓励节能环保、新一代信息技术、生物、高端装备制造、新材料、新能源、新能源汽车等符合条件的企业进行债券融资，重点支持《"十二五"国家战略性新兴产业发展规划》（国发〔2012〕28号）中明确的重大节能技术与装备产业化工程等，并鼓励战略性新兴产业专项债券采取"债贷组合"增信方式。养老产业专项债券发行则特别加大企业债券融资方式对养老产业的支持力度，引导和鼓励社会资本的投入，且发行养老产业专项债券的城投类企业不受发债指标限制。城市停车场建设专项债券发行则是为了缓解我国城市普遍存在的因停车需求爆发式增长带来的停车难问题，加大对城市停车场建设及运营的支持力度。

3. 绿色金融债

绿色金融债券是指金融机构法人依法发行的、募集资金用于支持绿色产业并按约定还本付息的有价证券，其中金融机构法人包括开发性银行、政策性银行、商业银行、企业集团财务公司及其他依法设立的金融机构。绿色金融债券募集资金主要用于支持节能减排技术改造、绿色城镇化、能源清洁高效利用、新能源开发利用、循环经济发展、水资源节约和非常规水资源开发利用、污染防治、生态农林业、节能环保产业、低碳产业、生态文明先行示范实验、低碳试点示范等绿色循环低碳发展项目。

绿色债券起源于21世纪初,是伴随着世界范围内投资人对气候变化和环境问题的持续关注而在国际债券市场上兴起的一类债券品种。2015年7月17日,中国银行作为全球协调人成功协助新疆金风科技股份有限公司完成3亿美元境外债券发行,票面利率2.5%,期限3年,成为中资企业发行的首单绿色债券。2015年10月,中国农业银行在伦敦证券交易所发行了首单绿色债券,开了中资金融机构在境外发行绿色债券的先河。

发改委于2015年12月31日出台了《绿色债券发行指引》,明确对节能减排技术改造、绿色城镇化等12个具体领域进行重点支持,将企业债券支持绿色发展和节能减排落到实处,以积极发挥企业债券融资对促进绿色发展、推动节能减排、解决突出环境问题、应对气候变化、发展节能环保产业等支持作用。同时推出鼓励绿色金融债券发行的优惠政策,主要体现在三个方面:一是支持领域实行动态调整,长期发挥作用;二是政策合力对绿色产业形成持续支持;三是发行条件进一步宽松,突出对技术型企业的支持。其中对企业申请发行绿色债券的准入条件的放松主要有以下四个方面:首先,债券募集资金占项目总投资比例放宽至80%(相关规定对资本金最低限制另有要求的除外)。其次,发行绿色债券的企业不受发债指标限制。再次,在资产负债率低于75%的前提下,核定发债规模时不考察企业其他公司信用类产品的规模。最后,鼓励上市公司及其子公司发行绿色债券。

2016年1月27日,浦发银行成功发行境内首单绿色金融债券,实现国内绿色金融债券从制度框架到产品发行的正式落地。与普通金融债券相比,绿色金融债券主要有以下几个方面的优势:第一,为绿色项目提供了新的融资渠道。过去绿色金融的融资渠道主要以信贷为主,未来将拓展为债券、股权融资等多种融资方式。第二，解决企业和银行的期限错配问题，如果银行可以发3年、5年、7年、10年的绿色债券，可以明显提升银行对于中长期项目投放绿色信贷的能力。第三，未来绿色债比普通债的融资成本将更低。在机制上，从税收、贴息、担保等角度为绿色信贷和绿色债券提供降低融资成本的方法。第四，为投资者提供新的资产类别，为境内和国际投资者分散风险，满足其投资偏好。

总体来说，绿色金融债券的核心在于通过政府引导和市场化约束相结合的方式，形成既有政策引导和激励，又有社会声誉和市场约束的绿色金融发展机制，有效激发商业银行加大绿色发展的意愿和能力，实现银行自身经营能动性与国家战略层面的良好结合。

4. 对接有收益的基建项目

在稳增长的主基调下，国家发改委正在加大力度帮助企业拓宽融资渠道，专项企业债扩容进程加快。继先后批准了包括城市地下综合管廊建设、战略性新兴产业等在内的四类专项债券，以及针对22类与基建和民生相关的专项金融债之后，发改委近期正在酝酿支持创业创新型企业直接融资的专项债券。2015年以来，随着央行持续降准降息，市场流动性逐步显现，但目前中小企业的融资困境主要集中在融资渠道上，推出针对一些收益较高的基建项目的专项债券能有效解决这一问题，帮助中小企业发展。此处发改委所指的专项债券，是平台公司、企业为拉动重点领域投资和消费需求增长而进行的特许融资，偿还收入来自融资项目本身的收益，与政府预算无关。

公司债

公司债是指上市公司依照法定程序发行、约定在一年以上期限内还本付息的有价证券，是由证监会监管的中长期直接融资品种，承诺于指定到期日向债权人无条件支付票面金额，并于固定期间按期依据约定利率支付利息。

2015年1月15日，证监会正式发布了《公司债券发行与交易管理办法》（证监会令第113号），取代了施行七年多的《公司债券发行试点办法》（证监会令第49号），其主要目标在于规范发展债券市场，提高直接融资比重，缓解企业融资难、融资贵问题，支持经济稳增长与结构调整，核心修订内容主要有以下五个方面：

一是扩大发行主体范围。新办法一大亮点就是将公司债的发行主体由原先的境内证券交易所上市公司、发行境外上市外资股的境内股份有限公司、证券公司扩大至所有公司制法人，从发债主体入手大大降低了公司债原有的发行门槛。但《管理办法》规定的发行人不包括地方政府融资平台公司，可见交易所市场对城投公司的谨慎态度。

二是丰富债券发行方式，建立非公开发行制度。新办法在总结中小企业私募债试点经验的基础上，以专门章节对非公开发行做出规定，全面建立非公开发行制度，由于面向主体是特定、少数合格投资者，信息披露要求不高，因此发行效率更高，发行周期可以控制在2周以内。

三是增加债券交易场所。公开发行公司债券的交易场所拓展至上海、深圳证券交易所和全国中小企业股份转让系统；非公开发行公司债券的交易场所拓展至上海、深圳证券交易所和全国中小企业股份转让系统、机构间私募产品报价与服务系统和证券公司柜台，并可承销或自行销售。需要注意的是，对于公开发行的债券，新办法要求证券交易所和全国中小企业股份转让系统对其上市交易或转让实施分类管理，实行差异化的交易机制，建立相应的投资者适当性管理制度，健全风险控制机制，根据债券资信状况的变化及时调整交易机制和投资者适当性安排；发行环节和交易环节的投资者适当性要求应当保持一致。对于非公开发行的债券，也可以申请在证券交易所、全国中小企业股份转让系统、机构间私募产品报价与服务系统、证券公司柜台转让，但转让仅限于合格投资者，转让后持有同次发行债券的合格投资者合计不得超过二百人。

四是简化发行审核流程。公开发行仍将执行核准制，非公开发行将执行备案制。细节差别在于公开发行公司债可以申请一次核准，分期发行。发行人应当在十二个月内完成首期发行,剩余数量应当在二十四个月内发行完毕。

五是实施分类管理。新办法将公司债券发行细化为面向公众投资者公开发行、面向合格投资者公开发行、非公开发行三类方式,即公司债券形成了大公募、小公募、非公开三种并行可选的发行方式。其中,面向公众投资者公开发行的评级要求提高至 AAA 级,发行人最近三个会计年度实现的年均可分配利润不少于债券一年利息的 1.5 倍,且发行人最近三年无债务违约或者迟延支付本息的事实。

表 5-4 大公募、小公募与非公开发行对比

	大公募	小公募	非公开
监管机构	中国证监会		
发行方式	核准制	核准制(预审权下放交易所)	备案制(事后备案)
发行人分类	所有公司制法人		
分期发行	可在两年内分期发行		可以分期发行
审核效率	—	十九个工作日	十个工作日
发行规模	累计不超过净资产40%		无限制
盈利能力要求	最近三年平均可分配利润达到债券一年利息的1.5倍	最近三年平均可分配利润达到债券一年利息的1倍	无限制

资料来源:公开资料整理

自 2015 年公司债券新规落地后,债券发行规模明显上升,当年普通公司债券规模达到 2384.50 亿元,同比增长 157.14%,私募债券规模达到 4699.57 亿元,同比增长 620.21%。2015 年债券市场发行总量达到 12615.49 亿元,同比增长了 362.01%,债券市场发行进入全面提速通道。

创新债券融资案例

2016 年某市棚户区改造项目项目收益债券

(1)募集资金投向:

本期债券募集资金 12 亿元，全部用于某市 2013－2017 年棚户区改造项目（一期），本项目实施主体为发行人——某市城投，具体情况见下表：

表 5－5　本期债券募集资金投向情况简介　　　　单位：万元

项目名称	总投资额	拟使用债券资金	资金使用比例
某市 2013－2017 年棚户区改造项目（一期）	236629.10	120000.00	50.71%
总　计	236629.10	120000.00	—

（2）偿债资金来源测算：

● 销售收入

项目销售收入主要由拆迁户超面积安置部分销售收入、配套商业用房销售收入以及地下车库销售收入组成。

Ⅰ．超面积安置住宅销售收入：本项目建设住宅面积 423530.6 平方米，扣除产权调换面积后，可用于市场价销售的面积约为 14200 平方米。按照某区普通住宅销售价格 5600 元/平方米估算，超面积安置住宅将实现销售收入 7952 万元。

Ⅱ．商业销售收入：本项目建设配套商业建筑面积 75620.2 平方米，按照均价 20000 元/平方米保守估算，将实现销售收入 151240.3 万元。

Ⅲ．车位销售收入：本项目建设地下车位共 1379 个，计划出售约 690 个，按照 60000 元/车位单价估算，将实现销售收入 4140 万元。

上述销售收入合计 163332.3 万元。

● 地方政府补贴收入

该项目属于某市重大民生工程，按照某市人民政府出具的《政府关于下达对某市 2013－2017 年棚户区改造项目（一期）给予财政资金补贴的通知》，市人民政府鉴于发行人全面负责本项目的拆迁安置工作，按照市场化运作原则，将分年度给予发行人财政补贴资金合计 115309.3 万元。根据市人大常委会文件《关于将某市 2013－2017 年棚户区改造项目（一期）补贴资金纳入政府财政预算的决定》，该项政府支出将分年度纳入县财政预算。

表5-6 地方政府补贴收入测算表

补贴年份	补贴金额（万元）
2019年（第6年）	22525.2
2020年（第7年）	44163.7
2021年（第8年）	48620.4
合　计	115309.3

- 项目建成后现金回流情况

本项目超面积安置部分销售收入按5.5%计提营业税金及附加，地方政府补贴收入可全额用于还本付息。

项目建设期间运营成本已包含在项目建设管理费用中，项目竣工后，发行人将安排部分管理人员负责项目的物业销售、财务管理工作，竣工后前两年按10人计算，以后按5人计算，人均成本10万元/年。项目物业销售期间会发生营销费用，营销费用前3年按200万元计算，第4至第6年按300万元计算，销售最后一年按200万元计算。

2016年某市城市地下综合管廊建设专项债券

（1）募集资金投向：

本期债券募集资金为21亿元，拟18亿元用于某市城市地下综合管廊建设工程，3亿元用于补充公司营运资金。本期债券募投项目建设主体为发行人——某市城投。具体情况如下：

表5-7 募集资金投资项目一览表

项目名称	投资总额（万元）	拟使用债券资金（万元）	募集资金占项目总投资比例
某市城市地下综合管廊建设项目	328600.76	180000.00	54.78%
合　计	328600.76	180000.00	—

（2）偿债资金来源测算：

本期债券募投项目由发行人特许建设运营，其中建设期3年，运营期27年。项目投入运营后，发行人可向入廊单位收取管廊租赁费和管廊物业管理费。其中，廊位租赁费是指，发行人将管廊部分空间（廊位）出租给各管线单位使用，向入廊管线单位收取廊位租赁费；物业管理费是指，发行人为入廊的管线提供管理服务，向入廊管线单位收取管理费。经测算，每年预计可实现管廊租赁收入及管廊维护收入33546万元（其中，在建设期第3年内可形成收入16773万元），在本期债券存续期内合计可形成不低于251595万元经营收入，在项目建设运营期内合计可形成不低于922515万元经营收入。项目投资回收期为8年，内部收益率为14.41%。

此外，根据某市人民政府《关于向某市城投拨付城市地下综合管廊专项补贴的通知》，为保证本期债券募投项目的顺利完工和运营，某市人民政府在2016至2045年间将向某市城投合计拨付城市地下综合管廊专项补贴资金250000万元。其中，在本期债券存续期内，某市人民政府将合计向某市城投拨付专项补贴150000万元，分10年平均支付。

综上，本期债券募投项目在建设运营期和本期债券存续期内，分别合计可形成不低于1172515万元和401595万元总收入，足以覆盖项目的建设成本以及本期债券的还本付息。

某市养老产业专项债券

（1）募集资金投向：

本期债券拟募集资金8亿元，其中6.8亿元用于某市健康养老产业项目，1.2亿元用于补充流动资金。募投项目具体情况见下表：

表5-8 募集资金使用分配表

项目名称	总投资（万元）	拟使用募集资金（万元）	募集资金占投资总额比例
某市健康养老产业项目	222585.00	68000.00	30.55%
总计	222585.00	68000.00	—

(2) 偿债资金来源测算：

本期债券募投项目具有良好的经济社会效益。本项目的实施对于缓解某市的养老需求、推进老年社会福利事业发展、提高老年人生活质量具有重要作用。通过专业论证，在债券存续期内获得的项目收入能够有效覆盖项目总投资，具有较好的经济社会效益。同时随着募投项目的实施，发行人在养老服务业的业务将获得进一步扩展，在某市的地位将进一步提升。

本期债券募集资金投资项目总投资额22.26亿元，根据具有甲级资质的公司编制的《某市健康养老产业项目可行性研究报告》，项目运营后的收入来源主要为乡镇中心养老院收入、街道健康养老中心收入、太阳城健康养老社区养老公寓收入。在本期债券存续期内，项目预计可实现经营收入24.38亿元，足以覆盖募投项目总投资额度，扣除相关经营费用之后，预期可实现净收入19.36亿元。

区域性股权交易中心

进入21世纪，我国代办股份转让工作正式启动，国家对场外交易市场也重新重视起来，各地方纷纷开展股权交易中心的筹备和建设工作。2008年，天津股权交易所成立，成为我国第一家股权交易中心。随后上海、深圳也陆续成立了股权交易中心，截至2016年6月，国内共有至少23家股权交易中心，多集中在东部地区。

股权交易中心是我国场外交易市场的重要组成部分，是一个具有微观实体形态的交易场所。各地的股权交易中心以本地区的企业作为主要服务对象，以提供股权融资、股权转让、债券融资等服务为主要业务，逐步形成了区域性的股权交易中心，帮助那些没有办法在主板或者创业板上市的中小企业融资。

目前来看，我国股权交易中心具有以下五个特点：第一，采用公司制的组织模式和管理模式，由地方政府批准设立，并受其监管；第二，主要接受中小企业的融资需求，成为新三板的重要补充部分；第三，相较于交易所，股权交易中心对于挂牌企业的要求相对较低，中心内挂有众多性质各异的企业；第四，目前我国股权交易中心证券交易模式单一，均以协议转让的方式为主；第五，成立时间较短，区域分布比较集中，发展迅速但是现有规模仍旧较小。除此之外，我们认为股权交易中心具有中小企业孵化器的重要作用，为不能在主板或者创业板上市、不能在新三板挂牌的企业提供了一个投融资、托管登记和证券交易的平台，并帮助其展现企业实力。综上，股权交易中心主要发挥平台功能，实现中小企业的证券交易，促成中小企业投资需求。

以天津股权交易中心（下称天交所）为例，天交所为非上市企业提供股权融资和挂牌交易服务，针对不同投资人的抗风险能力，开辟了3个内部板块，分别为创业板、成长板和主板。在股权融资方面，天交所以"小额、快速、多次、低成本"的优势，为中小企业提供资金支持，一般情况下每次融资不超过5000万元，项目融资周期一般为3个月且一年内可以展开多次股权融资，同时仅收取挂牌费、托管费，并对各类中介机构的收费进行指导，为企业提供"低成本"的优惠。天交所的交易主要通过电子系统完成，交易双方商定好交易量和执行价格后会商定一个协议密码，然后分别向交易系统进行交易申请，交易系统通过协议密码对交易双方进行匹配，完成交易。资金实现第三方存管制度，资金安全得到保障。

除此之外，江苏股权交易中心（下称JESS）正在积极探索和互联网金融的合作，以创新融资模式。目前来看，JESS已经实现和京东金融的合作，其中，京东金融作为资金供给端，主要负责寻找投资人，并促成投资；而JESS作为需求端，负责寻找融资方，并在与融资方进行交易时引入增信机构，确保投资的公开和安全。除此之外，JESS在江苏省政府的授权下，与江苏交易场所登记结算有限公司共同出资设立了江苏小微企业融资产品交易中心有限责任公司，运用互联网金融的模式，直接发行小微债、贷易宝、建设小微债等金融产品，帮助小微企业融资。

基金类产品蓬勃发展

PPP 引导基金

具体来讲，在公共服务领域，政府采取竞争性方式选择具有投资、运营管理能力的社会资本，双方按照平等协商原则订立合同，由社会资本提供公共服务，政府依据公共服务绩效评价结果向社会资本支付对价。PPP 是以市场竞争的方式提供服务，主要集中在纯公共领域、准公共领域，其主要特征有三个：伙伴关系、风险共担和利益共享，它不仅是一种融资手段，还是一次体制机制变革，涉及行政体制改革、财政体制改革、投融资体制改革。

1. PPP 基金的运作模式

2015 年，PPP 模式在国内尚处于发展初期，在各个基金领域推进较为缓慢，主要原因在于相关制度欠缺，社会资本对于政治风险的担忧难以与项目的预期收益率匹配，参与热情一直不高。为了帮助建立社会资本的投资信心以及降低融资难度，中央层面率先成立 PPP 引导基金，以财政资金的直接参与示范带动。之后各地方政府如江苏、山东、河南、四川、云南等也相继成立了 PPP 基金，以财政资金为引导，引入金融机构等社会资本的资金投入，基本能够实现 10 倍的财政杠杆效果。

目前省级政府参与发起设立的 PPP 基金在运作模式上主要分为以下三种：

模式一：地方平台公司作为政府出资人代表，组织发起设立 PPP 基金，基金实行母子基金两级架构。

该模式中，由省财政厅、金融办等政府机构组建的决策委员会负责引导基金（母基金）的管理决策，确定投资重点、让利政策以及拟参股子基金等重大决策事项。省财政厅负责优先选择通过"物有所值"、财政承受能力等可行性论证、符合 PPP 规范要求的项目，向子基金管理机构推荐。子基金由政府引导基金（母基金）、社会资本、专业基金管理机构以有限合伙方式成立，地方平台公司与社会投资人、基金管理机构签订出资人协议。基金管理机构作为普通合伙人（GP），按照市场规则负责子基金投资项目决策和投后管理，其他两方作为有限合伙人（LP），按约定取得回报，但不直接参与基金投资的项目决策。地方平台公司根据授权代行引导基金出资人职责，对子基金运营进行监督，并定期向省财政厅报送引导基金及参股子基金的运行情况。

模式二：地方平台公司作为政府出资人代表，组织发起设立 PPP 基金，不设立子基金。

该模式中，PPP 基金管理架构由政府主管部门、受托管理机构（地方平台公司）和基金管理公司共同组成。其中，基金管理公司和投资人组建投资决策委员会，省财政厅负责项目初审及项目推荐名单拟定。投委会最终审定的项目，由基金管理人与项目公司签订协议。基金管理人的选定方式分为两种：一是由主要出资人指定，二是由受托管理机构（地方平台公司）择优选择确定。

模式三：财政直接出资，联合金融机构和社会资本发起设立 PPP 基金，进一步划设子基金并通过政府购买服务方式引进专业基金管理机构。

该模式中，由财政直接出资，联合金融机构共同发起设立 PPP 基金，政府出资方包括省财政厅，也可能包括部分市县财政局。由政府出资人、其他出资单位相关负责人、投资顾问等共同组成投资决策委员会和项目审定委员会。投资决策委员会负责审定基金章程、项目投资策略、监管制度、收益分配办法等重大事项，项目审定委员会负责子基金具体项目投资的审定，其职能也可能合并在投资决策委员会中，即只成立投资决策委员会。一般而言，该模式中，省财政厅在投委会拥有一票否决权。

该模式中，政府方通过政府购买服务的方式，委托有资质、有基金管理经验和业绩良好的机构管理运作。基金管理机构负责投资项目前期可行性评估，资金召集、投放，项目监管，基金账户管理，间隙资金运作，信息披露等事前、事中、事后基金全流程管理。投委会下设基金管理办公室，由省财政厅PPP中心和出资人单位联系人组成，对基金管理机构进行考核管理。

2. PPP基金的投资模式

PPP基金主要投资模式有三种：投资入股PPP项目公司，给PPP项目公司提供债权融资及"投贷结合"。许多PPP项目都设有最低资本金比例要求，投资入股PPP基金可以充实PPP项目资本金、缓解地方政府财政压力，优化各方投资风险。除了项目资本金之外，PPP项目总投资主要还是依靠债务融资解决，债务融资比例一般在70%左右。

在目前宏观经济下行的大背景下，银行放贷越来越谨慎，PPP基金亦可通过债权的形式给PPP项目提供资金支持。当然，对于某些特别重要的PPP项目，可适当提高支持力度，采取"投贷结合"的模式给予足够的融资支持。

3. PPP基金的回报机制

PPP基金的回报机制与投资模式息息相关。实行股权投资的项目，按股权的比例享有收益；实行债权投入或以固定回报注入资本金方式的项目，按约定的固定回报率获取收益，该固定回报率以同期人民币贷款基准利率上浮一定幅度设置上限。

前文已经提到，PPP基金一般都采用优先劣后的结构化设计——政府作为劣后级出资人，其他资金方作为优先级出资人。基金出资人的回报机制采取固定收益加浮动收益的方式，按年分配。基金每年所得收益首先用于分配优先级出资人的固定回报。收益超过优先级出资人的固定回报部分，作为浮动收益分配，优先级与劣后级出资人可按一定比例分配（劣后级投资人占比较大）。

4. PPP基金的退出

PPP基金存续期限届满，如果尚有项目未实现退出，可考虑由投资该项目的基金出资人表决是否延长存续期限，如果未能获得通过，该基金应到期立即进行解散，基金尚未完成退出的 PPP 项目公司股权由出资人直接持有，而债权可提前进行设计，使其不超过 PPP 基金存续期，这是 PPP 基金退出模式的一种。除此之外，PPP 基金存续期限届满，其股权投资部分由政府或社会资本回购，债权部分同样可使其不超过 PPP 基金存续期。

PPP 基金的设立，极大地缓解了政府和社会资本在参与 PPP 项目时出现的资金不足问题，可以起到杠杆的作用，扩大资金的实际利用效率。

城镇化基金

城镇化基金（或称城镇化产业基金、城市发展基金等），属于私募投资基金的范畴，由产业投资基金发展而来，主要投向一级土地开发、保障房、道路交通等公益性项目。产业投资基金最早需由发改委核准，之后证监会颁布《私募投资基金监督管理暂行办法》，私募基金的发展进入快车道。国发〔2014〕43 号文发布后，地方政府融资平台逐步剥离融资功能，地方政府债券、PPP 模式等融资"明渠"远未成熟，无法满足地方政府融资需求，城镇化基金应运而生，加速发展。

1. 城镇化基金发展背景

城镇化基金是产业投资基金的一种模式，指政府以财政投入启动资金，向银行、信托等特定机构筹集社会资本成立产业基金，共同投向城镇化基础设施建设。

城镇化基金的出现和发展是严格的城投债发行监管和旺盛的地方政府融资需求共同作用的结果。一方面，国家城镇化进程仍在加速，地方政府亟须资金支持城市各方面的发展。另一方面，2014 年 9 月 21 日，《国务院关于加强地方政府性债务管理的意见》下发，规定地方政府只能通过两种渠道举借或化解债务，一是通过省级政府发债，二是通过 PPP 模式剥离地方债务，地方融资平台不得新增政府债务，原有的城投贷款、发行城投债等渠道受到限制。

由于城镇化基金的融资主体不是地方融资平台，而是地方政府本身与社会资本的结合，绕开了国发〔2014〕43号文的举债限制，为地方政府融资提供一条可行的路径。2013年以来，城镇化基金发展较为迅速，各省市均计划或已经落地了一系列的城镇化基金以解决地方的融资需求问题。

2. 城镇化基金的融资模式

城镇化基金的交易结构主要分为有限合伙型产业基金和契约型产业基金两种方式，政府均提供隐性担保进行兜底，保障社会资本的回报。有限合伙型产业基金要求按比例出资成立项目公司，适用于严格管理、操作或风险相对较高的项目；契约型产业基金为资管计划或信托模式，由基金认购国企先行成立的项目公司股份，适用于一般项目。

以券商与某地市平台公司（A公司）尝试在设立城市发展基金方面展开合作为例。由区政府委托A公司出资劣后级资金，按照1∶4比例引进社保基金和保险资金，成立城市发展基金。某券商联合其他基金管理人，按照EPC模式（"项目资本金+施工总承包"）开展PPP项目合作，引进国内建设领域一流企业助力城镇化建设，基金规模12亿元，期限7~10年，综合成本不超过7.5%。

表5-9 城镇化基金参与主体

序号	基金参与主体	基金中的身份	出资占比（需各方协商确定）	投资方式
1	××投资管理公司	基金管理人（GP）	1%	债权投资
2	保险资金	优先级（A）LP1	79%	通过保险资产管理公司设立保险资管产品出资，债权投资
3	某机构理财资金	优先级（B）LP2		发行资管计划出资，债权投资
4	融资平台公司1	劣后级LP3/基金回购方	20%	债权+股权投资
5	建设平台公司2	融资主体	—	

（1）"融资平台公司1"作为劣后级，出资 A 亿元，按照一定的杠杆比例（如1：4）引进保险资金和机构理财资金作为优先级资金，成立城市发展基金，基金规模为 5A 亿元。

（2）该基金主要投向基础设施及公共服务领域的 PPP 项目，充分吸引社会资本参与地方经济建设及投资。项目的运营主体，即融资主体，为"建设平台公司2"，该公司可以是融资平台公司1或其实际控制的公司。

（3）为保障基金的持续运作，拟通过土地收益、政府回购等方式设置如下风险控制措施：

①土地部门出具土地收储和出让计划。土地部门针对还款地块出具收储计划和招拍挂计划，并承诺土地指标优先配给还款地块，确保按计划出让，并将土地出让收入优先偿还本息。

②基金本金及收益主要偿还来源为拟投项目收益（市场化销售、政府或政府其他平台公司回购），项目公司与政府签订回购协议，确保项目收益。

③签署优先级份额转让协议。"融资平台公司1"与优先级资金认购方签署优先级份额转让协议，确保"融资平台公司1"到期受让优先级份额，实现优先级资金退出。

④政府提供流动性支持。政府出具支持城市发展基金投向项目的意见，由人民政府保证本项目的融资本金及收益按时归还，并将本项目的授信本息支列入财政支出预算。

3. 城镇化基金的优势

● 吸引外部资本，缓解地方政府融资压力

目前，各地的城镇化建设资金需求巨大，而传统的政府举债、平台融资、土地财政的投融资模式已经难以满足资金需求。城市发展基金能够引导社会资本进入基础设施建设领域。无论是理财池资金对接、保险资金信托计划还是其他类型资金募集方式，都能有效利用闲置资金，解决政府面临的融资难题。同时调查表明，已运行的城市发展基金投资利率明显低于一般的信托、租赁等融资成本。

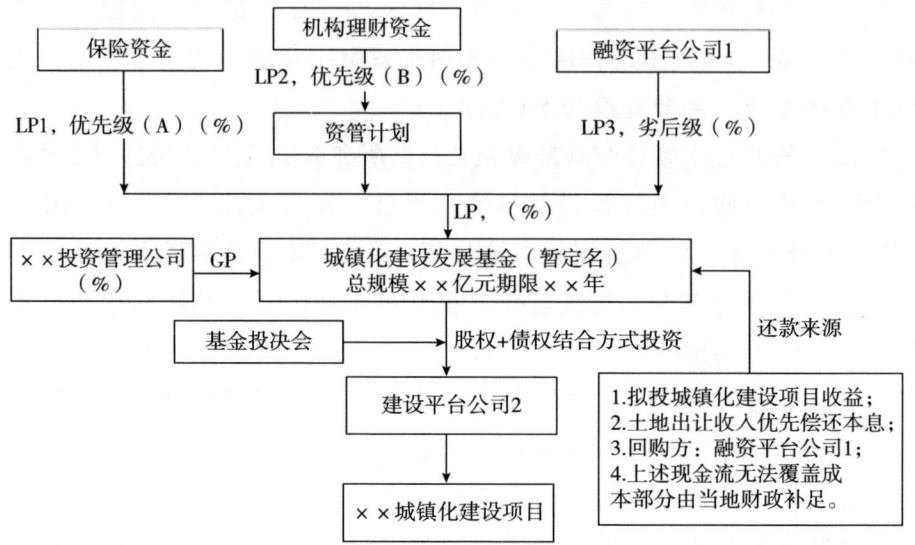

图 5-1　某城镇化基金结构图

- 提高项目融资能力，减轻信贷资金期限错配问题

城市发展基金通常采用股权投资或权益投资方式，能够降低项目公司的资产负债率。更重要的是，由于基础设施建设大多期限较长，通过银行贷款等融资渠道常常面临短贷长用的问题，存在一定的流动性风险。城市发展基金能为地方基础设施建设项目提供相对长期稳定的融资来源，提高与项目建设周期的匹配度，从而缓解资金期限错配带来的流动性风险。

- 降低项目运营成本，提高项目建设和管理水平

城市发展基金的有限合伙人都不参与基金的具体运作，而是由普通合伙人即专业的基金管理机构进行管理，这不仅减少了权力寻租现象，提高项目管理的效率，降低建设和运营成本，并能根据市场需求提供切合实际的服务。

- 招商引资，引进多元化投资者

建立城市发展基金，可以为政府带来招商引资的机遇，引进多元化投资者共同参与到城市基础设施建设和经济建设过程中，更好地利用社

会闲散资金为城市发展助力。

4. 城镇化基金的未来发展

第一，监管力度和方式对城镇化基金的未来发展具有重大影响：虽然目前城镇化基金处于监管灰色地带，但最终并不会缺失，与城投债相似，对城镇化基金的监管也将逐渐展开。城镇化基金若不能实现规范运作，可能最终也将面临与城投债相似的命运。但若以发展的思路对其进行监管，引导政府财政与社会资本在基金运作过程中利益共享、风险共担，政府债务的偿还及担保风险将得到控制，城镇化基金便会成为PPP项目重要的融资渠道。

第二，其他融资渠道的发展也会影响城镇化基金的推进：随着地方政府万亿元债务置换的开展，地方政府融资的各种明渠暗道将呈现此消彼长的发展态势。在地方政府融资过程中以政府为主体引进社会资本，同时通过项目运作给投资人带来收益，政府参与融资但不对债务兜底，运行成功就能有效缓解地方政府的债务问题，同时募集到所需要的建设资金。

因此，城镇化基金的发展不仅取决于本身风险的控制、社会资本引入规模和范围、项目收益结构的设计和分成，也取决于地方政府债券的发行力度、PPP模式的推进速度，以及企业债、项目收益债、永续债等的发展。

海外融资异军突起

伴随着经济全球化的不断深入，我国资本市场的开放程度逐渐提高。对于境内企业来说，直接融资逐渐走出了国门，海外发债逐渐成为企业优化融资结构、降低融资成本的重要选项。截至2016年1月末，境内企业发行美元债存量约为10400亿元人民币。香港是离岸人民币债券发行最主要的市场，超过50%的美元债和点心债选择在香港发行。

国内企业境外发债加快

2015年企业境外融资明显加快，全年共有98家企业海外发债，融资1900亿美元，其中城投主体有15家，融资规模占比达到6.84%。从国内评级来看，2015年之前，发行海外债券的城投平台以境内AAA主体为主，而2015以来新增的10家海外发债主体中，AA+及以下评级主体有所增加。迈出国门的步伐加快，不仅仅有境外融资相对优势的存在，政策的鼓励也是重要的推动因素。

一般而言，企业选择海外发债的原始动机主要有以下几点：①基于境内业务，拓宽融资途径、改善负债结构，建立国际金融市场的企业形象；②基于境外业务，凭借母公司的信用等级优势为境外子公司项目融资；③国内发债限制多，企业被动转向国外市场。从发行主体来看，各大商业银行、大型国企境外发债主要基于前两个原因，而房地产企业（民营企业为主）则更多受到国内发债的诸多限制，被动增加海外负债占比。在选择境外或者境内融资时，国际市场的利率环境、人民币的升贬值预期是影响企业境外融资节奏的重要因素。除此之外，企业选择境外发债还受到特定时刻现实情况的影响，例如规避短期内国内债市波动可能带来的损失，接受国内政策的引导，满足短期内旧有外币债务的偿还需要等。

另外，中国企业海外发债的政策限制不断打开，海外发债不仅能够促进企业自身发展，还有助于吸收外汇、缓解人民币贬值压力，众多积极因素促使政府逐步放开对中国企业海外发债融资的限制，并表现出明确的鼓励支持态度。2007年1月，中国人民银行发布了《中国人民银行公告〔2007〕第3号》，首次规定境内金融机构经批准可在香港发行人民币债券。同年6月，央行和发改委联合发布《境内金融机构赴香港特别行政区发行人民币债券管理暂行办法》，规定了境内政策性银行和商业银行赴香港发行债券的具体条件。随后，内地企业赴港发债的政策不断完善,香港债券市场对于人民币债券年的限制也不断放开。2010年2月,香港金融管理局规定"允许香港企业及海外企业在港发行人民币债券的募集资金可自由投资",推动香港的人民币债券市场更加活跃和繁荣。

表5-10 海外发债相关政策

发布时间	政策名称	主要内容
2007年1月	《中国人民银行公告〔2007〕第3号》	首次规定境内金融机构经批准可在香港发行人民币债券
2007年6月	《境内金融机构赴香港特别行政区发行人民币债券管理暂行办法》	规定了境内政策性银行和商业银行赴香港发行债券的具体条件
2008年12月	《关于当前金融促进经济发展的若干意见》	提出"扩大债券发行规模"、"研究境外机构和企业在境内发行人民币债券,允许在内地有较多业务的香港企业或金融机构在港发行人民币债券"
2010年2月	《香港人民币业务的监管原则及操作安排的诠释》	首次从香港监管机构角度分别从监管原则和具体操作安排两个层面,就在香港发行人民币债券的监管政策进行了澄清和解释
2010年7月	《香港银行人民币业务的清算协议》	允许符合条件的企业开立人民币账户,允许银行、证券及基金公司开发及销售人民币产品,推进发行市场和二级市场发展
2010年11月	《关于使用债务工具中央结算系统发行人民币国债的合作备忘录》	人民币国债通过CMU债券投标平台招标发行,拓宽人民币国债的发行渠道,优化人民币国债发行方式和环境
2012年5月	《关于境内非金融机构赴香港特别行政区发行人民币债券有关事项的通知》	规定非金融机构境外发行人民币债券,可直接在银行申请开立人民币专用存款账户,用于从境外汇入发债募集的人民币资金及偿还汇出

国发〔2014〕43号文出台后,明确提出"融资平台不得新增政府债务",政企分开是必然趋势,真正具备转型实力和转型意愿的城投公司走在时代的前端,通过海外融资展示企业的市场化形象,通过引入境外机构投资者倒逼自己加快转型的步伐,不失为一种睿智的选择。2014年

城投再来

3月,北京市基础设施投资有限公司(下称"京投公司")通过海外子公司发行了总值3亿美元的5年期美元债券,这笔债券获得了超过15亿美元的踊跃认购,债券票面利率为3.625%,按票面值的99.638%发行,实际利率为3.705%,为近年来北京市市属国有企业同期限美元债券票面利率最低,成为国内城投公司境外融资的第一个案例。

境外发债的优势

数据显示,2015年到2016年1月的一年多时间内,城投境外发债融资共132亿美元,相比2014年(43.5亿美元)增长148%,在各种主动因素和被动因素的作用下,越来越多的城投公司尝试通过海外发债融资,海外发债对于城投公司来说有着海外融资成本低及募集资金使用限制少的明显优势:

1. 海外融资成本低

海外债券市场发展较为成熟,市场化程度较高。相关数据显示,海外非银行类企业BBB+以上债券5年期以内的发行利率普遍在3%左右,而国内5年以内的中高级产业债发行利率则普遍在5.5%~6.5%。具体以2014年3月京投公司(国内评级AAA)首次发行的海外债来看,该债券票面利率为3.625%,而当月中债5年期AAA级城投债到期收益率为5.86%。2016年6月8日,天津城投(国内评级AAA)发行了票面利息为2.75%的海外债,而当日中债5年期AAA级城投债到期收益率为3.37%。优质城投公司选择海外融资能够降低融资成本,能以更大的成本优势换取中短期资金。

2. 募集资金使用限制少

境内融资工具的选择中,资金用途的诸多限制一定程度上抬高了企业的综合成本。由于城投公司的募投项目往往以长周期、高资本投入的大型基建项目为主,在建设期间往往需要短期的流动性补充维持企业的正常运营，但国内企业债发行规定募集资金最多只有40%的资金可以用于流动性补充，而不做资金用途限制的中票、短融以及公司债的融资成本相对较高。海外发债则提供了企业自由安排债务期限、资金用途的权限，有利于降低企业的综合财务费用。

境外发债的劣势

1. 汇率风险

2014年之后，国内经济下行压力逐渐增加，直接造成人民币汇率贬值压力抬头，同时全球经济的走势也更加复杂，汇率的波动性增强就为企业选择发债增加了不少难度。一方面是汇率风险，不佳的发债时间选择、币种选择都会成为未来的偿债压力因素，同时还面临着投资者基于国内基本面的情绪波动，一级市场认购并不是绝对的一帆风顺；另一方面，受制于国内金融市场发展的相对落后，企业普遍缺乏充分的汇率风险对冲工具和对冲能力，容易暴露在汇率风险中。

2. 国外评级机构对国内企业评级差异

基于不同标准，企业获得的国际评级与国内差异较大，一方面是境外评级普遍低于境内评级，另一方面，两个主体的评级高低在境内外可能是相反的。实际发行中，三大评级机构长期深入企业了解，对城投公司的评级体系更接近企业的本质，而国际投资者往往初次接触这一类特殊的主体，对企业的信用评价并不一定和国际评级机构的一致。

例如2016年2月份发债的青岛城投（AAA//BBB-/BBB+）、北京基投（AAA/A2/A-/A+），前者5年期美元债发行利率达到4.75%，而后者5年期港元债发行利率低至2.8%；但7月天津滨海建投（AAA/Baa1/BBB+/A-）、上海建工（AAA/Baa1/BBB/BBB，国际评级低于滨海建投）同时发行5年期美元债，前者发行利率为4%，而后者为3.75%。

总的来说，市、区级城投境外负债的成本优势几乎没有，即使获得较高的国际评级，也无法保证受到投资者的认可，加上汇率贬值风险，境外发债反而增加了企业的债务负担。目前来看，市、区城投境外发债以沿海城市为主，企业发债可能更多体现政治色彩，即在金融市场加快对外开放之际，东部重要沿海城市作为最接近国际市场的地区，借助城投公司这类地区重要国企，通过打开资本市场来打造区域经济对外开放的形象。

3. 受国内双重金融市场影响，风险因素增多

当国内企业选择境外发债时，就将自己置身于国外金融市场中，受到国外投资者资金支持的同时，也要接受国内外两个金融市场投资者的监督和定价，而未来两个市场的波动都会成为影响企业的风险因素。城投公司需要培养更强的市场意识和国际思维，才能真正在波动增多的全球经济中享受到资本市场发展带来的益处。

以市场化对的融资推动企业市场化转型

大胆迈出国门，走向世界，接受全球各类投资者的分析、定价，对于资本市场仍处于开放初阶段的国内企业来说，是一项巨大的挑战，这也是境外融资多集中在大型金融机构、国有企业的重要原因。在这样的环境下，处在转型过渡期的城投公司以企业信用接受国际评级机构、专业投资机构的层层审核，所面临的压力要比一般的生产性企业更高。在境外融资启动的初级阶段，更多的是具备区域绝对优势、已经实现市场化管理和运营的城投公司以较高的市场认可度出现在国际市场中，并不是所有城投公司都适合在一开始就做这样的尝试。在国际金融市场"亮相"或许有助于建立企业的国际形象，但只有以独立经营的企业身份而非借助政府信用支持的平台角色，才能真正实现城投公司的市场化经营。

第 6 章
国有资产经营的领军先锋

盘活存量资产迫在眉睫

长期以来，中国经济改革中占主导地位的改革方式是增量改革，即在不影响既得利益的前提下提高增量资产的利用效率。随着渐进式改革的推进，增量改革促进经济增长的内在动力边际递减，改革领域逐渐转移到存量部分。2015年3月，李克强总理在政府工作报告中提出，宏观经济政策要注重微调和定向调控，用好增量，盘活存量，突出表明了盘活存量资产对经济、产业结构调整的基础性与紧迫性作用。具体而言，盘活存量资产的必要性体现在当前地方政府财政收支压力显著，以及现有存量资金作用两大方面。

地方财政三大典型收支压力

一方面，经济增长动力不足，宏观经济增速明显下滑，导致财政收入增长缺乏内在动力，2016年5月1日起全面推开的"营改增"试点，使得营业税这一地方政府主要税收来源大幅下降，地方政府财政收入进一步收紧；另一方面，地方政府债务问题日益严峻，债务及对国有企业的财政补贴均增加了地方政府的潜在财政支出压力。

压力一：宏观经济下行，财政收入增长动力不足

2012年以来，我国经济增长呈下行态势，经济增速由高速增长区间进入中高速增长区间，政府工作报告将2016年目标增长率定为区间6.5%~7%，这是自1995年确定8%~9%的经济增长率区间以来，第二次采用区间经济调控目标。在经济增速换挡、结构调整阵痛与前期政策刺激消化的"三期叠加"状态下，地方政府财政收入缺乏增长的内在动力。

就全国财政数据而言，随着经济下行压力增大，全国财政收入与财政支出之间的绝对差额逐渐增大，2015年全国财政收入增长率仅为5.8%，远低于财政支出增长率的13.2%，财政赤字高达16200亿元。

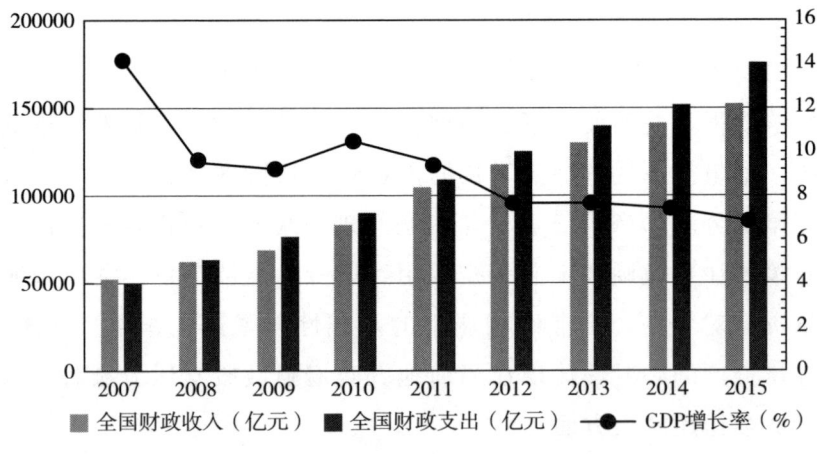

图6-1 GDP增长率与全国财政收支关系（2007~2015年）

就地方政府财政数据而言，2015年地方一般公共预算本级收入增长4.8%，相比2014年的9.9%大幅下降，一般公共预算支出（剔除使用结转结余及调入资金）增长 7.9%，地方财政赤字 5000 亿元，相比 2014 年扩大 1000 亿元。一般公共预算与政府性基金收入是地方政府财政收入的主要来源，而税收收入与国有土地使用权出让金收入则分别为一般公共预算收入与政府性基金收入的重要组成部分。

2010 年至 2014 年，税收收入在地方公共财政收入中占比近 80%，受经济增速下滑拖累，地方政府税收收入增长率显著下降。2014 年，营业税仅增长 3%，企业所得税也连续在 10% 以下徘徊，特别是土地增值税，由 2010 年近 80% 的增长幅度大幅下滑至 2014 年的不足 20%。经济不景气导致生产经营收入减少，必然导致税收增幅下降，公共财政收入增长因此受到限制。

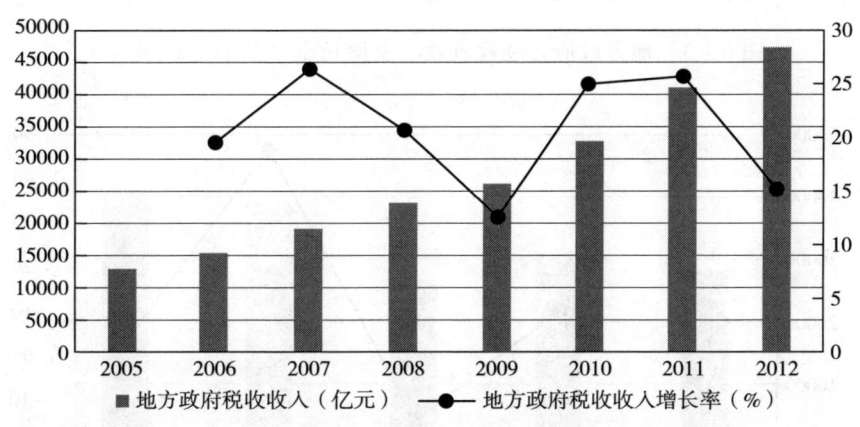

图 6-2 地方政府税收收入及其增长率（2005~2012 年）

2010 年至 2014 年，地方政府国有土地出让金收入占政府性基金收入的平均比重为 80%。2012 年，国有土地出让金收入首次出现近 15% 的缩水，2014 年增幅仅为 3%。在房地产市场步入下行通道、供给侧去库存政策的带动下，土地出让金的大幅下滑已成为必然，政府性基金收入的主要来源增长严重受限，这也是拖累财政收入增长的主要原因之一。

2012 年后，GDP 增长率的长期低迷导致全国与地方财政收入增长率大幅下滑，当前的财政收入情况甚至比 2009 年国际金融危机背景下更为

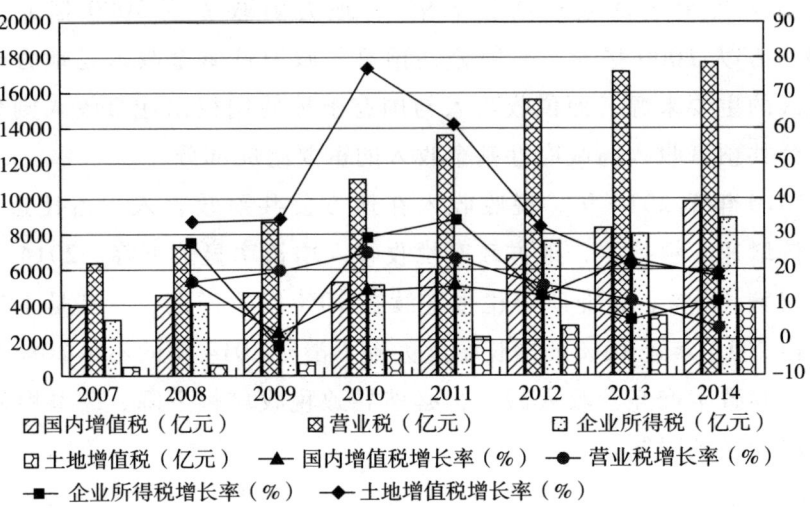

图 6-3　地方政府各项税收收入及增长率（2007～2014年）

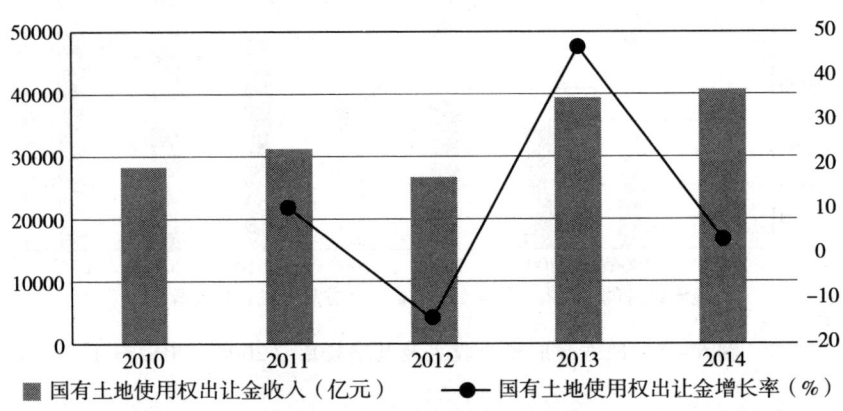

图 6-4　国有土地使用权出让金收入及增长率（2010～2014年）

艰难。究其原因：一方面，在较大的经济下行压力下，工业生产、消费、投资以及企业利润等指标增幅均大幅回落，导致主体税种收入增幅相应放缓；另一方面，工业生产者出厂价格指数持续下降，消费者价格指数低位徘徊，影响了以现价计算的财政收入增长。从宏观经济增长到政府的财政收入，可以通过财政收入弹性系数衡量二者的敏感关系，即财政收入增长率与 GDP 增长率比值，进而衡量经济增长能够真正变现的收入能力。从相对值数据来看，2015年全国与地方财政收入弹性首次跌破1，且地方政府财政收入弹性不到0.7，表明在较大的经济下行压力下，财政收入增长动力严重不足，政府宏观调控能力减弱。

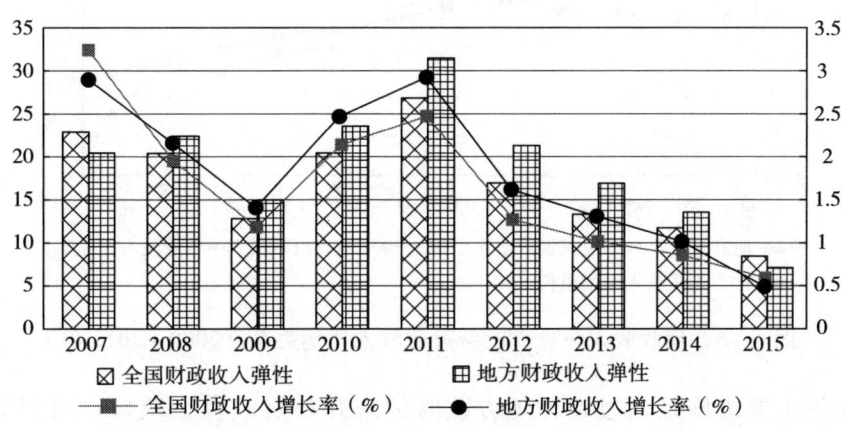

图 6-5　财政收入增长率与财政收入弹性（2007~2015年）

压力二：财税体制改革带来财政收入压力，地方政府债券难补财政资金缺口

除经济下行影响收入外，财税体制改革后，收入结构的变化也是地方政府收入总量收缩的重要原因。无论对于全国财政还是地方财政，税收收入在政府的公共财政收入中的比重均在80%左右。其中增值税作为最大税种，中央和地方采用25∶75的比例分成，营业税作为地方政府主体最重要的收入来源，在财政税收收入中占比超过30%，在地方财政收入中比重长期稳定在25%左右。从2016年5月开始，全国性"营改增"试点工作全面推开，新增试点行业涉及纳税人近1000万户，涉及年营业税规模1.9万亿元，占原营业税总比例80%左右。按照2014年数据测算，全面"营改增"将导致地方政府收入减少13285亿元，占其税收收入的22.46%。财权进一步向中央集中，地方政府税收缺口将进一步扩大。

面对当前财税体制下地方政府财权与事权的不匹配，地方政府所能

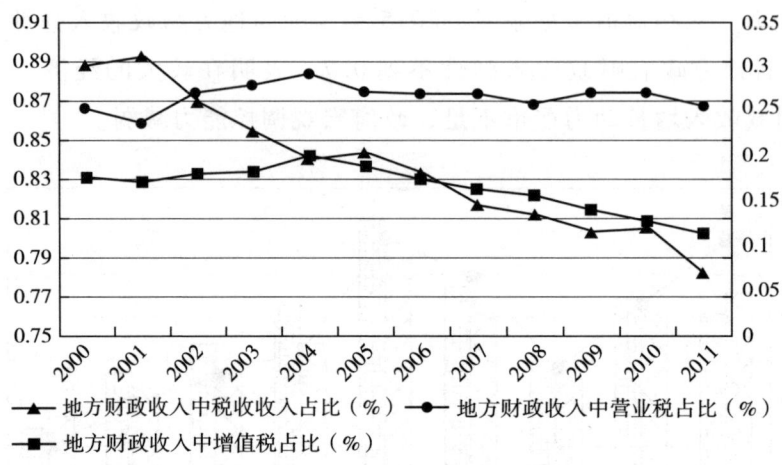

图 6-6 税收收入与地方政府财政收入比例关系（2000~2011 年）

采取的主要措施是通过发行地方政府债来弥补财政资金缺口。根据 2016 年财政预算安排，地方政府一般债务余额限额为 107072.4 亿元，专项债务余额限额为 64801.9 亿元，合计约 17.2 万亿元。由于政府投资对经济增长带动意义显著，地方政府依靠债券发行难以弥补全部资金缺口。根据 2015 年财政预算报告，虽然 2015 年的赤字率达到了 2.3% 的预算目标，但实际上财政支出有一部分资金来自于上年的结转结余和调用资金，规模达到 8055.12 亿。其中地方政府动用结转结余及调入资金 7055.12 亿元，如果排除这部分非常规数据，2015 年政府实际赤字率达到 3.58%。

2015 年，全社会固定资产投资 562000 亿元，扣除价格因素，实际增长 11.8%。2016 年 1~2 月全国固定资产投资 38008 亿元，同比增长 10.2%，其中地方项目完成 36499 亿元，同比增长 10.9%。在供给侧结构性改革和"促投资、稳增长"等政策的推动下，地方固定资产投资增长趋势明显。而地方政府债务发行既需要兼顾存量地方政府债务置换，又需要作为满足社会经济发展支出的有效补充，显然具有较大困难。

压力三：地方政府债务问题日益严峻，财政支出压力增大

就狭义地方政府债务而言，主要是截至 2014 年年末，政府负有偿还

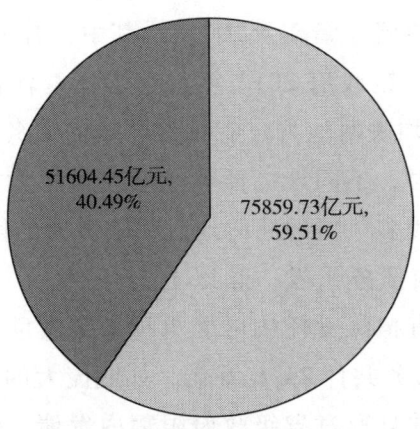

图 6-7 2014 年地方政府一般公共预算收入构成

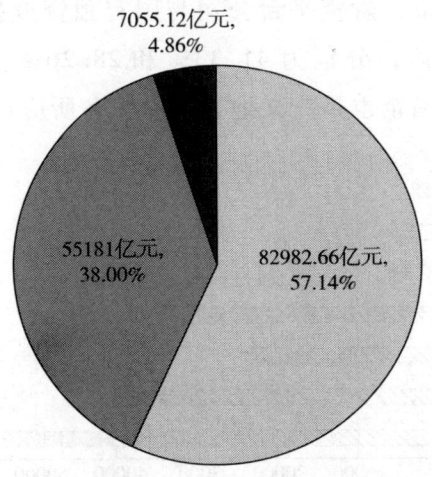

图 6-8 2015 年地方政府一般公共预算收入构成

责任的一类债务余额共计 15.4 万亿元，以及 2015 年新增地方政府债务 6000 万元。这 16 万亿元的债务存量亟待政府通过债务置换手段或财政收入进行化解。根据 2013 年全国政府性债务审计结果显示：①截至 2013 年 6 月底，省市县三级政府负有偿还责任的债务余额为 105789.05 亿元，比 2010 年底增加 38679.54 亿元，年均增长 19.97%；②截至 2012 年年底，有 3 个省级、99 个市级、195 个县级、3465 个乡镇政府负有偿还责任债务的债务率高于100%，其中，有2个省级、31个市级、29个县级、148个乡镇政府2012年负有偿还责任债务的借新还旧率超过20%。以上数据均表明地方政府日益严峻的债务问题，即地方政府财政支出的负担。同时，不同地区债务风险差异较大，虽然平均债务率并未超警戒，但存在较多负债偏高的地区面临较大的偿债压力与风险。

从广义地方政府债务出发，除以上16万亿元一类债务外，2014年年末，地方政府负有担保责任或可能承担一定救助责任的或有债务达到8.6万亿元，三类债务共计24.6万亿。如此庞大的债务存量容易引发系统性的债务风险，并且通过省级政府限额内发债，借新还旧的债务置换方式，难以在短期内化解如此庞大的存量问题。此外，根据2013年全国政府性债务审计结果，融资平台公司与国有独资或控股企业是或有债务占比最高的两大主体，分别为41.33%和28.26%。可见，除地方投融资平台之外，地方国企也是广义地方政府债务所应该关注的重要主体。

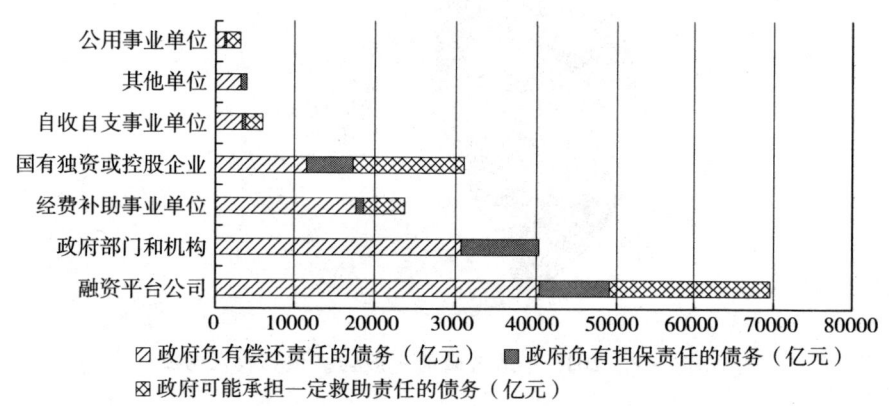

图6-9 2013年6月底地方政府性债务余额举借主体情况表

2014年上半年，A股上市公司共获得超过323亿元政府补贴，其中61.64%流向854家地方国有企业和中央国有企业，可见，对国有企业的财政支持是政府部门重要的潜在非资本性支出。与此相对应，地方国有企业对于地方政府的财政补助具有显著的依赖性。地方政府对地方国企进行补贴的动机有很多，包括：①以减税为手段的补贴可以刺激企业的投资热情,以投资拉动地区经济增长,促进经济发展;②以政府补助作为防止失业的替代政策,通过政府补贴弥补亏损,缓解失业压力,维持社会稳定;③通过政府补贴扶持行业研发与技术创新。

在当前经济下行压力加剧,供给侧改革去产能对过剩部门造成严重就业冲击,以及经济结构调整要求产业结构转型升级的背景下,为防范信用风险、促进信用派生、维护社会稳定,地方政府加强对企业的补贴便成为必然趋势。相比于民营企业,国有企业在增投资、稳就业和促创新的领域均能发挥更大的作用,是地方政府补助的主要对象。就历史数据而言,在2007年至2012年6年间,对国有上市公司的政府补助达2368亿元,占政府补助总额的68%。国有企业在各个年份获得的政府补助也远高于非政府企业,特别是在2008年金融危机实体经济陷入困境时,地方政府进一步提高对国有企业补助的比例,发挥其提振经济增长动力的重要作用。

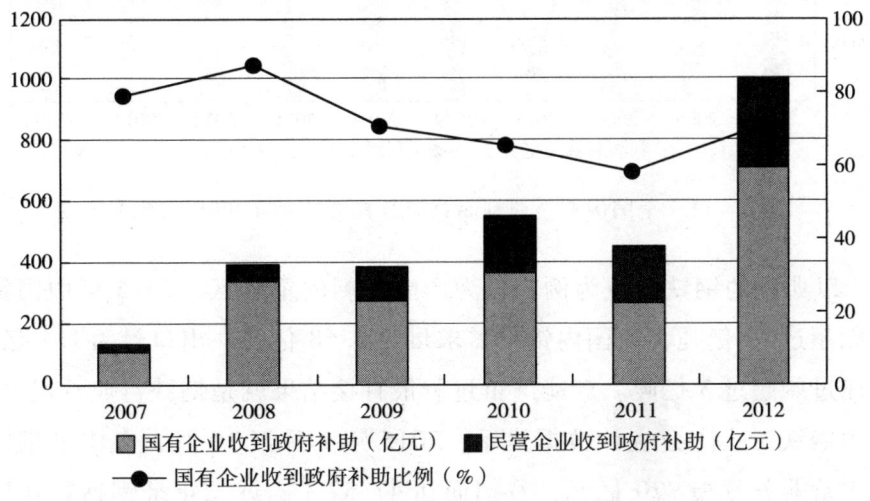

图6-10 国有企业与非国有企业获得政府补助对比(2007~2012年)

另一方面,在实体经济回报率偏低的实体环境中,国有企业经营状况普遍不佳:2014年全国国有企业净资产利润率仅为6.3%,利润总额增长率仅为3.4%,在2012年甚至出现1.59%的负增长。分省情况则更加严峻。2014年,全国各省净资产利润率相比于2013年均有不同程度的下降,特别是山西、内蒙古、黑龙江以及河南等省份,净资产利润率严重下滑,甚至出现了负利润现象。就国有企业的盈亏对比而言,2014年,全国国有企业亏损额与盈利额的比值高达35.45%,甚至超过2008年金融危机背景下的32.87%。由此可见,当前国有企业盈利能力整体偏弱,部分省份负盈利的国有企业成为地方财政的重要支持对象,导致其对政府补助的依赖性增强,这大大增加了地方政府的财政支出压力,加剧了财政收支不平衡的状况。

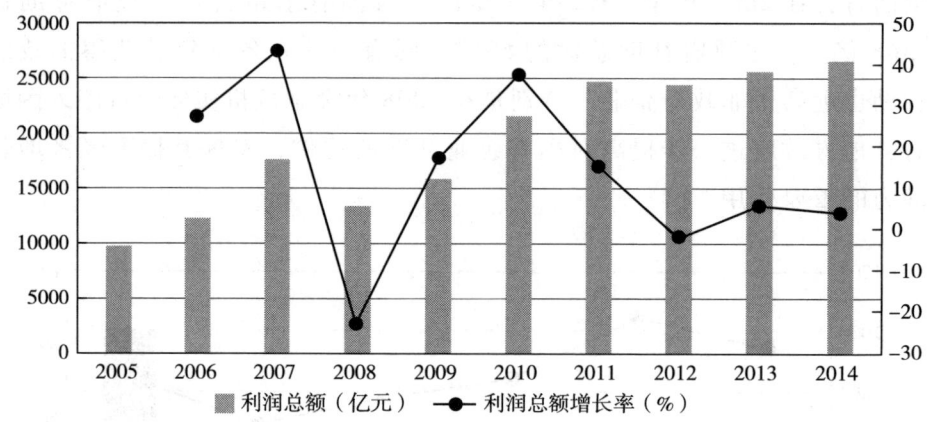

图6-11　全国国有企业利润总额及其增长率(2005~2014年)

以典型的钢铁产业为例,作为产能过剩的重灾区,2015年中国钢铁产能超过11亿吨,而国内钢材需求量为6.68亿吨、出口量为1.1亿吨,产能过剩超过3亿吨。产能严重过剩最直接结果就是钢铁行业亏损严重。中国钢铁工业协会统计数据显示,2015年1月至10月,大中型钢铁企业主营业务亏损720亿元,亏损面达47.52%。近几年来钢铁行业巨额亏损时,不少地方政府都加大了对其补贴力度。从国家产业政策和市场需求来看都应该淘汰的过剩行业,却在地方政府的补贴下勉强维生,形成的后果是:越补贴越过剩越亏损,越亏损越过剩则越要补贴,不但形成产能过剩的恶性循环,而且还滚雪球一样越滚越大。

第 6 章　国有资产经营的领军先锋

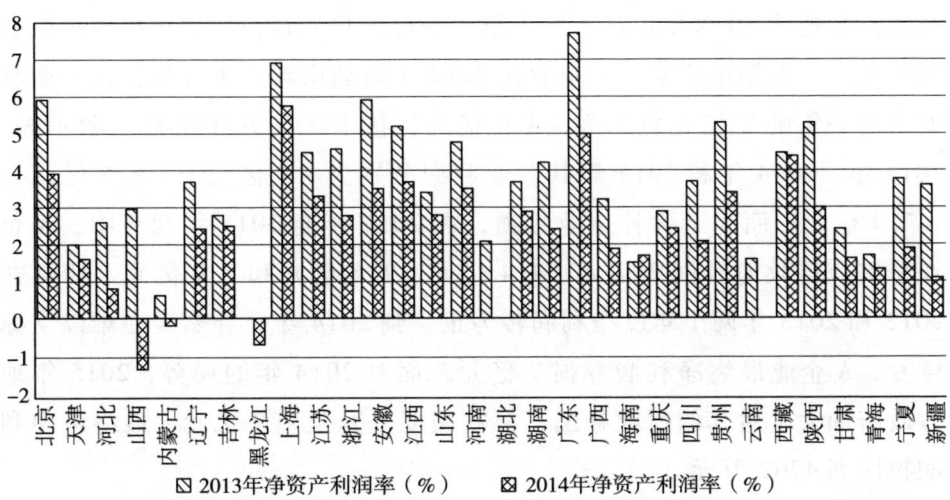

图 6-12　全国地方国有企业净资产利润率（2013 年，2014 年）

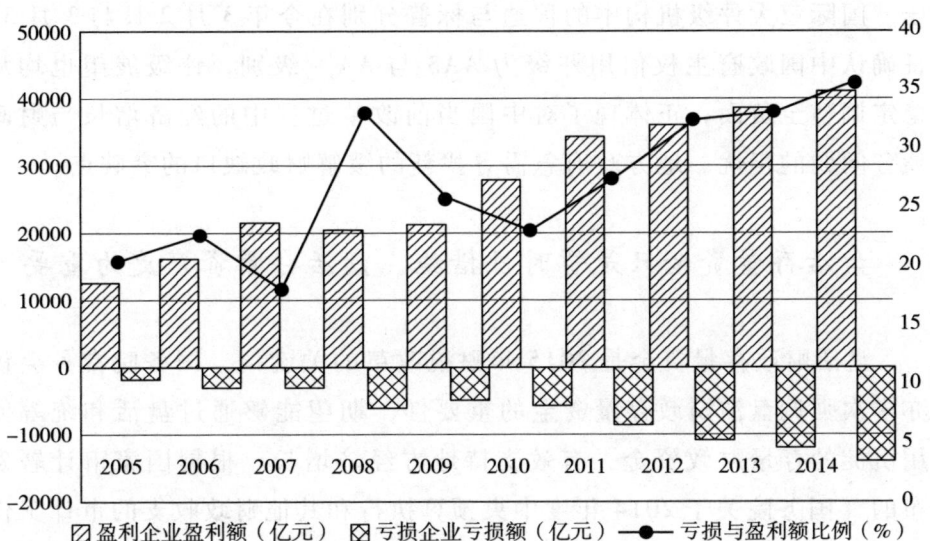

图 6-13　国有企业盈利额亏损额对比（2005~2014 年）

东北地区某国有大型上市钢铁企业 A，始建于 20 世纪 60 年代，该公司的实际控制人为市国资委，2015 年度其公告获得的 7.9 亿财政补助来自所在市财政局。A 企业拥有钢铁产能 600 万吨，属于一家中型钢铁企业，曾连续30多年保持所在市第一纳税大户的地位。由于房地产行业调整及经济下滑的影响，A企业在2012年遭遇市场严重打击，其营业利润由前一年的2亿元急转为-4.6亿元，接下来的几年更是一蹶不振，2013年、2014年和2015年其营业利润分别为-4亿元、-9.5亿元和-7.4亿元。而为了弥补企业亏损，在2012年至2015年四年中，A企业分别获得政府补助3亿元、4.4亿元、2.6亿元和7.9亿元，使其在2012和2013年两个年度净利润转为正。到2014年，补贴实在难以支撑巨亏，A企业最终净利润亏损7亿元。面对2014年的局势，2015年地方政府加大了对其的财政补贴，补贴额度上升至7.9亿元，最终将净利润拉回到4762万元。

综上，地方政府债务或其承担的隐形支出负担逐渐加重，而受经济增长速度的拖累以及财税体制改革的影响，地方政府债务被持续施压。国际三大评级机构中的穆迪与标普分别在今年3月2日与3月31日确认中国政府主权信用评级为AA3与AA-级别，评级展望也均从稳定调整至负面，正体现了对中国当前改革过程中的经济增长与财政债务问题的担忧。地方政府急需寻找新的缓解财政缺口的突破点。

盘活存量资金只是暂时性措施，盘活存量资产更为重要

盘活财政存量资金是2015年财税改革的关键词，国务院常务会议亦多次强调盘活财政存量资金的重要性，期望能够通过盘活和统筹使用沉淀的存量财政资金，有效支持地方经济增长。根据国家审计署发布的《国务院关于2014年度中央预算执行和其他财政收支的审计工作报告》（下称工作报告）：至2014年底，抽查的22个中央部门有存量资金1495.08亿元，18个省本级财政有存量资金1.19万亿元。盘活存量资金确实能够减少资金沉淀、提高资金使用效率，同时能增加政府支出，对经济转型过程中稳增长、促改革以及调结构等重点领域均有重要意义。

在 2015 年预算安排中，通过对以前年度结转资金的清理及使用，有效盘活了财政存量资金，增强了政府的财政支出能力，弥补了财政收支缺口，一定程度上缓解了由于财政收入增长动力不足带来的问题。全国一般公共预算中，结转结余及调入资金 8055.12 亿元，占一般公共预算收入总量的 5.29%，占当年财政赤字总量的 49.72%，政府性基金结转上年收入 656.13 亿元，占全国政府性基金收入总额的 1.49%。2015 年，全国政府性基金收支分别为 42330.14 亿元（除去上年结转及专项债券募集收入）和 42363.85 亿元，可见结转收入在很大程度上弥补了收入的不足。对地方政府而言，地方财政使用结转结余及调入资金 7055.12 亿元，占地方政府一般公共预算收入总量的 4.86%，占当年地方政府财政赤字的比例为 141.10%。如果不考虑结转结余资金对财政收支缺口的弥补作用，2015 年全国赤字率将由 2.39% 提高至 3.58%，而对于地方政府而言，如果不考虑结转结余资金的运用，地方政府财政赤字将会翻倍。就此而言，盘活存量资金对于解决目前的财政缺口具有重要的作用。

《工作报告》同时也提出当前阻碍资金盘活的主要问题：专项用途收入较多，难以统筹安排（如：政府性基金预算年底结转 720.1 亿元）；法定事项支出预算刚性增长，资金闲置量大（如：中央本级科技支出至 2014 年年底在财政部累计结转 426 亿元）；改革措施推进滞后，影响项目资金有效使用（如：14 个省 2009 年以来筹集的创业投资基金中 397.56 亿元结存未用）；财政专户清理不到位，大量资金结存（18 个省本级财政专户存量资金中 600 多亿元结存超过 2 年）。此外，财政存量资金额度有限，并非长期稳定的财政收入来源，对财政收支压力具有暂时性的缓解作用，但并不能从根本上解决地方政府财政问题。与之相比，存量资产可以产生长期稳定的现金流，是具有稳定性的财政收入来源。盘活存量资产对于缓解地方政府财政收支压力具有重要意义与关键作用。

国有资产经营模式创新

根据社会产品是否具备消费的竞争性与排他性,可分为公共产品、私人产品以及准公共产品。其中,纯公共产品不具有竞争性与排他性特征,即增加消费的边际成本几乎为零,且在技术上无法排除多人受益,因而不具有营利性。私人产品则因其竞争性与排他性而被单一主体占有,具有明显的经营性与盈利能力。准公共产品介于两者之间,兼具公共产品的属性与私人产品的特征,即在公益性质的基础上具备一定的盈利能力。具体到城投公司所持有的资产,可分为经营性资产、准经营性资产以及非经营性资产三类。作为纯公共物品的非经营性资产不具备营利性,难以通过经营模式创新带来有效收益;经营性资产的价值创造来源比较明确,经营模式的创新空间有限;而准经营性资产兼具公益性与营利性,这一双重属性为其通过经营模式创新增强价值创造能力提供了可能。

城投公司准经营性资产特征

准经营性资产是城投公司资产组成的重要部分,包括城市供水、供热、供电、燃气以及城市公共交通等,其特征如下:第一,准经营性资产属于准公共物品范畴,既具有一定的盈利能力,但难以完全覆盖成本,因而需要大量的财政补贴予以支持;第二,同时具备这些优质资产对于城投公司自身的运营能力也是一种挑战,受自身经营能力的限制,会出现运营效率低下甚至资产沉淀等问题,难以发挥这些资产的最大社会效益和经济效益;第三,这类投资往往投资基数大,投资回收期长,在现金流方面存在严重的时间错配问题,往往使得城投公司背上严重的债务负担,限制了其再融资与再投资能力,也在一定程度上限制了地方基础设施建设的良性循环；第四，发电、铁路以及水库等基础设施建设均属于关系国计民生的重大项目，出于经济安全考虑不能完全由私人资本介入，并且这些项目大多存在较大的建设风险，投资收益与经营风险不匹配，私人资本的投资意愿较低。

因此，城投公司对现有资产经营模式的创新应主要着眼于两个方面：第一，解决准公共物品建设在现金流方面的时间错配，将未来可预期现金净流入提前变现，提升城投公司的偿债能力与再投资能力，实现资本的良性循环；第二，盘活城投公司沉淀的存量资产，提高存量资产的经营效率与经济效益，增加企业经济收入。

可选经营模式及其特征

1. 模式一：ABS 模式

ABS 模式即资产支持证券（Asset–Backed Securitization）模式，是指依托能够产生稳定可预期的未来现金流入但缺乏即期流动性的资产或资产组合，在金融市场中发行具有固定收益率的可流通有价证券的经营模式。该模式的核心在于对标的资产的现金流量进行合理分析与估值，其关键运营机制建立在资产重组、风险隔离及信用增级三大基本原理之上[1]。

资产重组是指对基础资产的风险与收益进行分类重组，通过选择相关性较低的资产组成资产池，利用分散性降低资产组合的整体风险；风险隔离是指通过设立特殊目的实体（SPV），将基础资产的风险与收益同资产原始权益人的财务状况剥离；信用增级是指在基础资产的信用质量无法满足证券化产品的要求时，通过自我保险与外部担保形式提升证券产品的信用级别，以满足机构投资者的要求[2]。

---

[1] 刘徽，基础建设企业资产证券化融资方案研究 [D]，南京大学，2013。
[2] 王磊，基础设施资产证券化融资模式研究 [D]，财政部财政科学研究所，2013。

ABS模式自身特殊的结构化融资模式，对于资产原始权益人而言具有诸多优势。首先，ABS模式实现了资产信用状况与原始权益人财务状况的隔离，即使自身资信状况较差的公司也可以采用适当的信用增级措施，基于自身的优质资产发行信用级别较高的债券，而越高的信用评级意味着投资者要求的风险报酬率越低，可以有效降低企业融资成本。其次，通过ABS模式将资产出售给特殊目的实体（SPV），实质上是一种表外融资模式，企业自身并不需要承担任何或有债务风险，有助于实现企业资产负债表的优化。另外，企业通过ABS模式实现长期资产的提前变现，有助于提升企业自身偿债能力，改善企业的资信状况。再次，ABS模式具有适用范围广泛、资金来源丰富的优势，将基础资产所有权转移给特殊目的实体（SPV），但原始权益人仍然掌握项目的日常经营决策权。相比于特许经营模式，ABS模式对于发电、铁路等重要的基础设施具备更广的适用范围；相比于原有融资方式单纯依赖资金实力雄厚的单个投资机构，ABS模式能够更好地利用其在二级市场的流动性优势，吸引更多元的投资机构参与进来。

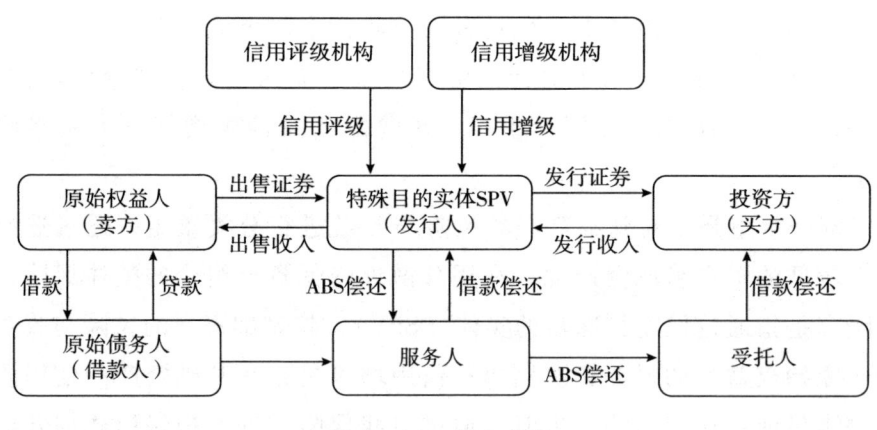

图6-14 ABS方案

当然，ABS模式对于基础资产有以下要求：首先，具有可预期的稳定现金流，并有丰富可信的历史统计数据对未来现金流量做出合理预测；其次，基础资产应具备相当的规模效应，并具备较好的运营情况和信用记录；再次，基础资产应在还款条件与期限等方面具有较高的同质性，同时在现金流风险上应具备较高的分散性[①]。

基于以上分析，ABS 模式以缺乏流动性但有预期现金流入保障的基础资产作为标的，能够有效吸收社会资金、改善企业的资金链状况，提升企业获利能力。

案例分析：滁宁快速通道公路南京段资 ABS 方案

融资方及原始受益方：南京浦口交通建设集团。

运营模式：将滁宁快速通道公路南京段收费权设置为具有未来现金收益的财产权，以信托收益权的模式作为基础资产载体，最终目的是发行资产证券化产品。

运营期限：银行理财与券商资管计划两阶段共同完成为期 6.5 年的项目融资综合计划。

具体融资计划：①基础资产达标前——银行理财产品资金池投资信托计划。本阶段为施工阶段，预计工程建设耗时 1.5 年，共需资金 4.5 亿元，其中城投公司投入自有资金 1.5 亿元。商业银行与信托公司开展合作，将滁宁快速通道公路南京段资产相关的全部权利关系设置为信托财产——"滁宁快速通道公路南京段财产权单一信托"，信托期限 6.5 年，分为两个阶段：第一阶段为基础资产形成期，时间为 1.5 年；第二阶段为基础营运期，时间为 5 年。商业银行运用理财产品资金池内 3 亿元，向原始融资人受让该信托产品的信托收益权，基础资产达标后，商业银行将向券商专项资管计划转让其持有的信托收益权，商业银行获得的转让资金将完成对银行理财产品的兑付。②基础资产达标后——券商专项资管计划投资信托收益权。本阶段为公路运营阶段，商业银行与证券公司签署信托收益权转让协议，该协议相当于基础资产购买协议，将与该基础资产相关的全部权利关系作为信托资产，通过信托收益权转让，实现真实转让以及资产隔离；由专项资产管理计划向机构投资者募

---

① 黄晓娟，我国证券公司资产证券化产品设计研究［D］，厦门大学，2014。

集资金，基础资产运营期限内所收取费用按计划定期向受益者还本付息。

2. 模式二：TOT 模式

TOT 模式即移交—经营—移交（Transfer - Operate - Transfer）模式，是指政府部门将已建成项目一定期限的经营权进行有偿转让，投资人在期限内对项目进行运营管理并获得收益，合约期满后再将该项目交还政府部门的经营方式。TOT 模式本身不具有 ABS 模式的设计难度，更加简便易行。

TOT 模式的优势主要表现在以下几个方面：第一，有助于盘活基础设施存量资产，拓宽融资渠道。TOT 模式将现有存量基础设施转让给投资者，不涉及项目建设过程，避免了包括 ABS 模式在内诸多融资模式的还本付息负担，及 BOT 等模式的项目建设风险，同时，以存量资产带动增量投资有助于实现资本的良性循环；第二，TOT 模式有助于改善项目经营管理水平，提高项目运营效率。TOT 模式主要通过引进私人资本经营存量资产，一方面为基础设施经营带来了经验丰富的专业运营团队及先进科学的经营管理理念；另一方面，私人资本以提升资产盈利能力为目的的追加投资也有助于该资产的保值增值；第三，基础设施作为市场需求稳定的必需品，在过往经营中已被证明具备稳定的收益能力，保证了投资者稳定获益的可能，由于不涉及项目建设，也大大降低了投资者的经营风险，更加满足投资者的投资需求[①]。

与 ABS 模式主要侧重于解决现金流量的时间错配不同，TOT 模式最主要的作用体现为解决现有公共基础设施的资产沉淀现象，以最大限度地发挥资源利用效率，提高其经济和社会效益。

案例分析：兰州七里河安宁污水处理厂 TOT 项目

由兰州市城乡建设局牵头，通过采用 TOT（移交—管理—移交）模式公开招标，成都市排水有限责任公司以 4.96 亿元人民币最终中标，并于 2010 年 4 月 22 日正式签约。

---

① 李思思，我国基础设施建设应用 TOT 融资模式及政策研究 [D]，华中科技大学，2006。

兰州市城市建设管理委员会作为该项目经营权的出让方，委托四川华衡资产评估有限公司对项目投资价值进行评估，用收益法评估得到该项目30年特许经营权于评估基准日的投资价值为人民币50444.66万元。此后，管理委员会委托国信招标集团有限公司以该项目运营权进行公开招标，经过专家评审以及项目谈判，最终成都市排水有限责任公司以4.96亿元人民币中标。该公司是兴蓉集团的子公司，经营业务为污水处理厂和市政基础设施的投资、建设和运营管理，是四川省最大的污水处理服务与污水处理企业之一，在成都市中心城投资建设、运营管理8座污水处理厂，污水处理能力达到130万吨/日，具有丰富的污水处理行业经验，技术优势突出。

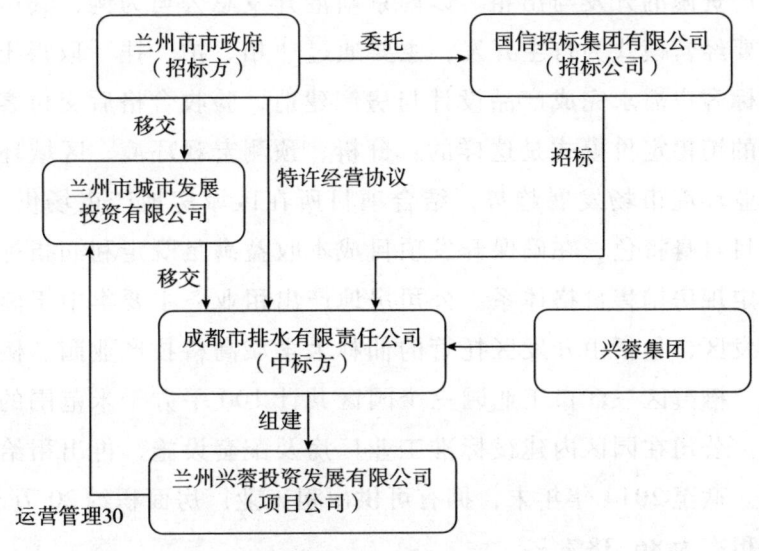

图6-15　兰州七里河安宁污水处理厂TOT项目示意图

根据协议约定，双方首先进行为期5个月的设备性能测试等准备工作，准备工作结束后，兰州市城市发展投资有限公司于2010年9月20日将该污水处理厂运营管理权正式移交给成都市排水有限责任公司。成都市排水有限责任公司以向其控股股东成都市兴蓉投资股份有限公司借款1亿元的方式，成立兰州兴蓉投资发展有限公司，作为项目实际运营公司。该公司拥有污水处理厂项目 30 年的运营管理权,期满后由其将污水处理厂移交回政府,其间政府向运营管理商支付污水处理服务费。

深挖国有资产商业价值

商业价值的经营性资产是城投公司营业收入的重要来源,已有相对成熟的盈利模式,本身运营效率以及市场化程度均比较高,创新的空间相对有限,但仍可以通过运营模式的改进提升其盈利能力。

房地产资源是城投公司重要的资产组成部分,其盈利来源主要是大型房地产资源的开发与出租。以南京新港开发总公司为例,其房地产开发的主要经营模式为自主开发,主要通过"招、拍、挂"取得土地,并根据目标客户需求完成产品设计与房产建造,验收合格后交付客户。房产开发的销售定价模式是这样的:分析、预测宏观环境、区域环境和房地产产业环境市场发展趋势,结合项目所在区域房地产市场供求关系,以及项目自身特色,在确保开发项目成本收益满足既定利润指标的前提下,确定现房销售价格体系。公司房地产出租业务主要集中于南京经济技术开发区,包括由开发区托管的仙林大学城高科技产业园、栖霞经济开发区、栖霞区三江口工业园三个园区共计 100 平方千米范围的房屋出租业务。公司在园区内建设标准工业厂房及配套设施,再出租给进区企业使用。截至 2014 年年末,拥有可供出租工业厂房面积约 20 万平方米,房屋出租率为 86.38%[①]。

道路交通资产也是城投公司的重要资产组成部分,原有的经营模式主要依靠收费或出租使用。就盈利模式创新而言,轨道附加是一个重要的可选方向,如道路沿线广告牌拍卖等。以高速公路广告资源为例,京珠高速公路湖北段 339 千米广告经营权实现最终成交价 3450 万元;西安

---

① 南京新港开发总公司 2016 年公开发行公司债券募集说明书。

至咸阳国际机场高速公路沿线39块广告牌拍得1.139亿元天价；河南省通过拍卖连霍高速公路河南段、京珠高速公路河南段、新郑机场高速公路、郑少高速公路全线、郑州西南绕城高速公路全线、鹤濮高速公路全线1400多千米及连霍、京珠高速公路河南段、新郑机场高速，西南绕城高速等5条高速公路收费亭10年广告经营权，共计收入2.1781亿元。这些盈利主要得益于经营性基础设施的公共性，作为重要的城市基础设施，除原有功能的经营创收之外，建立在公共性之上的广告收入以及附加服务，均能在不增加成本投入的条件下创造新的盈利点。

以上均是在城投公司存量资产的基础上挖掘商业价值空间。以江苏省某城投公司为例（下文简称公司B），公司B成立于2002年，成立之初是市政府主要融资平台之一，现在已逐步发展为以融资为主、投融资并举的集团化企业。公司B的主要经营范围有城市基础设施建设、土地资源的开发利用、城市水环境建设、资本运作、房地产开发等方面的投资、建设和资产管理。除了持续从事基础设施建设、土地开发、水力发电的投资建设以外，公司B还充分利用自身条件，积极培育，具备了专业技术资质及独有优势。目前，B公司已经拥有水利水电施工总承包壹级、土石方工程专业承包壹级、桥梁工程专业承包壹级、通航建筑物工程专业承包壹级、港口与航道工程总承包二级、公路路基工程专业承包二级资质，具有独立外经签约权和劳务输出许可证，能独立承担大中型水利水电工程、水利水电安装、航务工程等。从这个意义上而言，这是一家专业技术型的公司，每年能够带来10多亿元的收入。另外，公司还成立了××市农村小额贷款公司、××科技小额贷款公司、××财务公司等子公司，从事小额贷款业务，充分利用手中强大的资本实力，进行金融运作，为其他企业或者其他客户提供相关的金融服务，实现了公司的保值增值。

第 7 章
阵痛中的救赎与创新

开拓经营业务的阻力与动力

自国发〔2014〕43号文出台后，城投公司与地方政府之间的信用关联性大幅削弱。地方财政拨款大幅减少甚至绝迹，迫使城投公司通过直接转制或合并改制的模式寻找新的利润来源，尝试新的经营管理模式，逐步走向自主经营、自负盈亏的现代企业模式。那么，城投公司转型过程中究竟面对怎样的阻力，又具备怎样的潜在改革动力呢？

三大压力倒逼，转型势在必行

2015年稳增长政策改善效果难以显现，国务院对于城投公司主体的再融资监管适度放松，公司债市场化改革、企业债主体审批和资金限制放松在一定程度上缓解了国发〔2014〕43号文之后城投公司主体的流动性紧张。出于政府防范系统性风险的坚定态度，在信用风险事件频繁暴露的压力下，城投公司再次成为债券一级和二级市场各路资金追逐的对象。

可以看到，2015年以来，城投公司发行企业债（与具体投资项目挂钩）的占比大幅下滑，融资结构的变化已经透露，脱离政府信用担保之后，城投公司自身对未来投资计划的安排缺乏主动调节的动力，外界因素形成的压力不断加大。

压力一：流动性暂时改善，城投公司融资区别对待

公司债：2015年1月开始实行的《公司债券发行与交易管理办法》第六章第六十九条规定：本办法规定的发行人不包括地方政府融资平台公司。《管理办法》的出台是为了缓解融资难、融资成本高的问题，支持经济稳增长与经济结构的调整，但明确将地方政府融资平台排除在外，则使得部分城投公司难以享受政策宽松带来的相应优惠。

企业债：2014年，发改委下发《关于全面加强企业债券风险防范的若干意见》，目的在于收紧发债条件、强化监管和约束，其中"申请发债的城投公司，其偿债资金来源70%以上（含70%）必须来自企业自身收益……营业收入主要来自承担政府公益性或准公益性项目建设，且占企业收入比重超过30%"以及"政府及其有关部门的应收账款、其他应收款、长期应收款合计超过净资产规模40%的企业，要重点进行关注"的条款，严重限制了城投公司的债券发行。发改办财金〔2015〕1327号文的放松仅限于"鼓励优质企业发债用于重点领域、重点项目融资"，具体发行条件上，城投类企业担保措施的资产负债率要求不超过65%，实质上对于大部分城投公司，尤其是划拨性质的公益性资产占比较大的城投公司而言，仍然是一个较难突破的硬性条件。之后，发改委对于企业债发行的主体限制、募集资金管理以及发行审理流程持续放松、简化，但信息披露要求加强了对城投公司的公益性项目投资、土地资产等政府关联内容的审查，实际上更注重企业未来经营潜力，明松实紧。

压力二：财政收入下滑，压力增加

市场化转型过程中，历史遗留的存量政府债务和在建项目或许能够延长城投公司与地方政府的关联，从而降低其存量债务违约风险。但另一方面，房地产去库存压力不减、传统行业产能过剩、土地出让大幅滑落，多种力量造成地方政府的收入稳定性、偿债能力均在降低，地方财政不一定是城投公司的"平安符"。

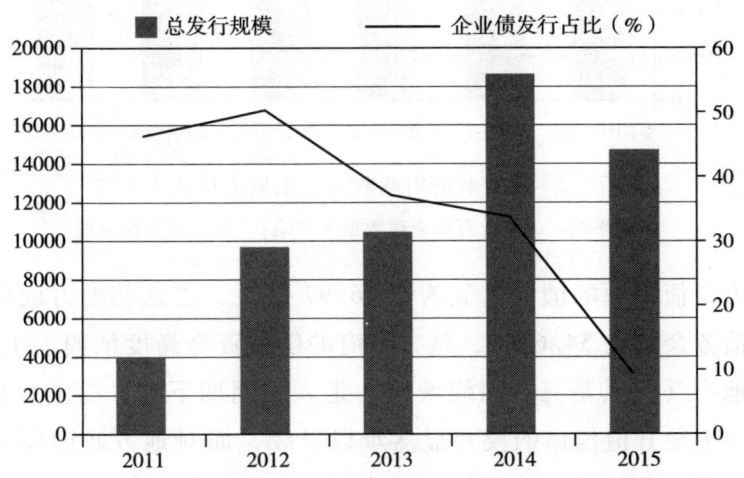

图 7-1　2014 年城投债发行缩量，企业债占比降低
数据来源：wind（万得金融数据客户端），民生证券研究院

具体而言，城投公司压力渐增体现在地方政府债务负担沉重与偿债来源单一的矛盾上。根据 2013 年国家审计署全国政府性债务审计结果，截至 2013 年 6 月底，地方政府负有偿还责任的债务为 108859.17 亿元，负有担保责任的债务为 26655.77 亿元，省市县三级政府负有偿还责任的债务余额比 2010 年底增加 38679.54 亿元，增长 19.97%。而针对融资平台公司这一举债主体，地方政府负有偿还责任的债务达到 40755.54 亿元，负有担保责任的债务为 8832.51 亿元。在偿债来源方面，据国家审计署披露，地方政府以土地出让收入为偿债来源的债务余额趋于增长。2013 年统计数据中，4 个省本级、17 个省会城市本级承诺以土地出

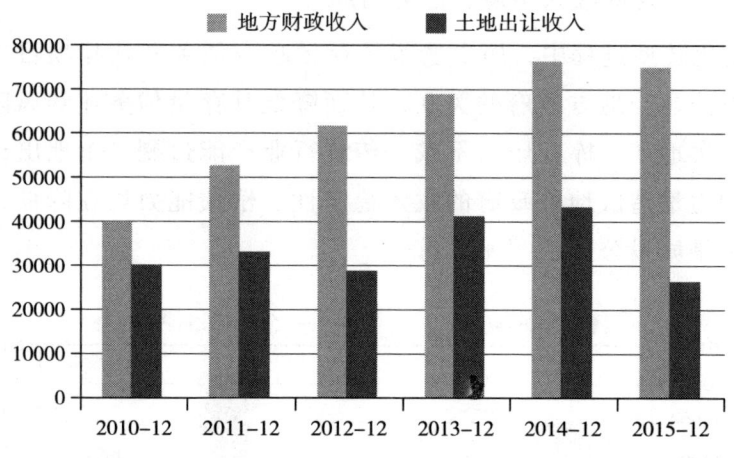

图7-2 地方政府财政收入、土地出让收入下滑

数据来源：wind（万得金融数据客户端），民生证券研究院

让收入为偿债来源的债务余额为7746.97亿元，占这些地方政府负有偿还责任债务余额的54.64%，地方政府的偿债资金高度依赖于土地收入。随着房地产（尤其是三、四线城市）走入长周期下行，以土地抵押—基建投资—土地升值偿债的模式显然难以延续，而对地方政府债务规模实行限额管理，也将进一步降低地方政府的偿债能力。

压力三：企业信用与政府信用隔离

国发〔2014〕43号文规定，对甄别后纳入预算管理的地方政府存量债务，各地区可申请发行地方政府置换债券，以降低利息负担、优化期限结构。而地方政府债务置换的过程，也是城投公司信用与政府信用逐渐划清的过程。在原有机制下，因城投公司多从事地方政府公益性项目，主营业务缺乏盈利能力，利润来源主要为地方政府财政补贴与资产划入，因此城投公司的偿债能力实际上是地方政府财政实力的体现。地方政府财政实力成为城投公司信用评级中最重要的观测因素，城投债信用增级方式的选择很大程度上取决于地方政府财政实力及城投公司与地方政府的业务关系，债券评级分布与地方财政隐形担保密切相关。而国发〔2014〕43号文之后，债务置换加快了地方政府与城投公司信用隔离，2015年城投债发行约1.4万亿元，均与政府信用完全脱钩，未来偿债资金只能由企业经营收入安排，对城投公司形成倒逼：越不改变，未来压力越大。

城投公司转型的三重动力

面对重重压力，是否存在激发城投公司转型的动力之源？制度方面，国发〔2014〕43号文之后的一系列政策均为城投公司的改革框定了明确的目标，我们认为有三个积极因素存在：

动力一：供给侧改革中城投公司仍是政府项目投资主体之一

基础设施与公共服务具有非排他性与非竞争性，外加投资规模大、投资回收期长，私人资本参与度较低，公共产品建设过程中存在融入资本的赢利性与投资项目非完全赢利性的矛盾。当下信用风险频发、风险要求回报居高不下、高负债率的背景下，企业投资需求疲软，私人资本承接长周期、低收益政府项目的意愿并不高，而城投公司作为地区重要国有企业，既有融资优势，收益要求也低于私人资本，更适合扮演政府投资的主力军。此外，与地方政府深厚的内在联系，对政策的较强敏感性，也使得城投公司能够更好地执行政府政策意图，按照政策期望推动地方经济发展。同时城投公司在长期的基础设施建设投资中，也积累了较多的运营管理经验，相比于私人资本也具备一定的运营优势。因此，在当前供给侧改革的大背景下，"去杠杆"压力在一定程度上限制了私人资本进入公共服务与基础设施建设领域，而城投公司的融资优势恰好与"降成本"的初衷契合，是改革背景下项目投资的重要主体。

动力二：国企改革中的特殊群体，政策指导相对全面

城投公司是重要的地方国有企业，自然绕不开"国企改革"的话题。相比于一般直接影响当地就业与社会经济稳定的国有企业，城投公司改革的社会压力相对较小，改革阻力基本源自于政企不分的治理结构以及自身债务风险的合理去化,改革内容主要是存量政府债务化解、公司运营脱离政府干预、投资决策弱化公益性质。针对前两个改革主题,均有相关政策安排:存量债务通过发行地方政府债置换,企业与政府脱钩已经是市场的一致预期。而投资去公益化则需要企业在前两步的基础上自身主动改变。虽然政策没有明确去公益化的具体方式,但是国发〔2014〕43号文中相关规定也为地方政府和城投公司提供了一种较为可行的合作模式——特许经营方式,即政府通过特许经营权、合理定价、财政补贴等收益约定规则,使城投公司保持长期稳定收益,城投公司按照市场化原则出资,按约定规则独自或与政府共同成立特别目的公司建设和运营合作项目。较为全面的政策指导为城投公司改革指明了方向,也为政府支持提供了途径。

动力三:债务置换后轻装上阵

实体类城投公司并非完全没有盈利能力,但在以基建拉动投资需求的浪潮中,承接政府项目的角色居于主位,经营性投资占比被动压低。随着债务置换的逐步推进和完成,地方政府不能通过城投公司为新增项目融资,公益性项目占比逐渐下降,借助改革的政策优惠,有更大空间选择收益相对稳定的公共投资项目。一方面,国发〔2014〕43号文后,地方政府的举债融资机制得到进一步规范:(1)地方政府举债采取政府债券方式;(2)没有收益的公益性事业发展确需政府举借一般债务,由地方政府发行一般债券融资,主要以一般公共预算收入偿还;(3)有一定收益的公益性事业发展确需政府举借专项债务,由地方政府通过发行专项债券融资,以对应的政府性基金或专项收入偿还。这一规范性的融资政策大大减轻了城投公司的融资压力。另一方面,纯融资平台、纯公益项目建设平台职能逐渐由地方政府债职能代替,为城投公司将投资项目转向养老、医疗、文化、旅游等更加具有现金流创造能力的经营性公共服务领域提供了条件。

自成立以来,在发展过程中,城投公司往往缺乏多元融资渠道、资产负债率较高、偿债能力较弱,和银行等金融机构的关系成为其能否持续运作的关键。对于省市级城投公司而言，其拥有地区最主要的国有资源，规模优势明显，"资产整合、建立企业外部信用、业务转型"的路径是主流选择。对于本级经济规模、财政收入都有限的县区级平台，转型不仅仅是自身的突破，更要克服行政级别劣势。城投公司与金融资本从来都是相伴相生的，通过综合性金融平台整合各种金融工具和金融资源，打造金融控股集团成为部分城投公司转型方向之一。

金融控股逐渐盛行

国发〔2014〕43号文发布前：居安思危，金控平台初见雏形

国发〔2010〕19号文发布之后，银行贷款收紧。出于对政府信用担保的信任，社会资金继续通过城投债、信托产品、证券业和保险业金融机构等源源不断流向城投公司。2012年，银监会首次提出严控融资平台贷款总量，并于2013年提出"总量控制、分类管理、区别对待、逐步化解"的基本原则。银监会的监管一直是城投公司头上的一把剑，也是激发城投思考转型的最初动力。为了提高多元化融资能力，降低对政府信用与政策的依赖性，部分城投公司开始正式布局区域性金融控股集团，通过打造综合性的金融平台，整合各种金融工具和金融资源，增加利润增长点，提高抗风险能力，助力企业可持续发展。

1. 大型城投公司金控平台初见雏形

大型城投公司主要采取参股控股的方式布局覆盖金融行业的金控平台。城投公司在金融板块多点突破，包括信托公司、投资公司、商业银行、保险公司、证券公司、保理公司等。在国企改革的大背景下，城投公司做大做强主业的同时大力实施多元化经营战略，形成了"一主多元、多元反哺"的良性循环，推动了产融结合的深层次发展。

表7-1 以中原高速（河南省城投公司）为例看金融板块布局

投资板块	依托秉原拓展投资业务。秉原投资公司专注于地产基金、现代农业、节能环保、文化传媒等多个投资领域，业务横跨基金管理、个人金融、资产管理、直接投资等。
银行板块	中原银行已正式营业，获得贷款等服务功能。截至成立日，资产规模2094亿元，负债规模1882亿元，共有428家网店。立足现有13家城商行业务特色，积极构建投资银行、基金、金融租赁、资产管理等业务。
信托板块	中原信托业绩亮眼。截至2014年年末，累计管理信托财产3508亿元，按时足额交付到期信托财产2223亿元，累计向客户分配信托收益300亿元，资本利润率逐年提升。
保险板块	中原农业保险股份有限公司是经保监会批准成立的河南省第一家保险法人机构，于2015年5月正式开业，以政策性农业保险为基本，以资金运用为辅助，并与中原股权交易中心在客户推荐、保险产品设计和渠道推广方面展开合作。

资料来源：公开资料整理

2. 中小城投金融板块布局加速

中小城投公司在管理体制、股权结构、资产负债、业务领域、经营绩效等方面与大型城投公司存在较大差异，面临资金筹措困境和监管的压力。他们大多选择与主营业务能够形成协同效应的2~3种组织形式为突破口。

以汇丰投资有限公司为例，这是江西省萍乡市经济开发区唯一的城投平台，主要负责经济开发区的土地一级开发和基建工程代建。通过实地调研我们了解到，由于被列入银监会监管名单，汇丰投资有限公司的银行贷款、公司债发行均受到限制。但从2013年开始，公司启动金融参股布局，以8亿元参股南昌银行（现江西银行），成为其第四大股东并合作成立了江西金融租赁有限公司。另外，公司以5000万参股中证机构间报价系统股份有限公司，获得0.66%的股份，发挥后者为各类私募产品提供报价、发行、转让、登记、结算服务等功能，为公司及经开区企业对接资本市场搭建更加通畅的平台。

国发〔2014〕43 号文发布后：直接融资占比提升，产业基金成为新方向

国发〔2014〕43 号文发布后，融资渠道（贷款、债券和信托）的收紧和大规模存量债务到期相叠加，部分资产规模与区域地位不占优势、短期债务占比高但自身融资能力较弱的城投公司流动性风险陡增，投资收益下滑。同时，地方政府综合财力出现下滑，地方融资平台转型的迫切性愈发强烈，金融控股布局能够拓宽融资与投资渠道、减少政府隐形信用剥离冲击。金融板块正在成为一些城投公司新的经济增长极，为其盈利能力注入新动力。

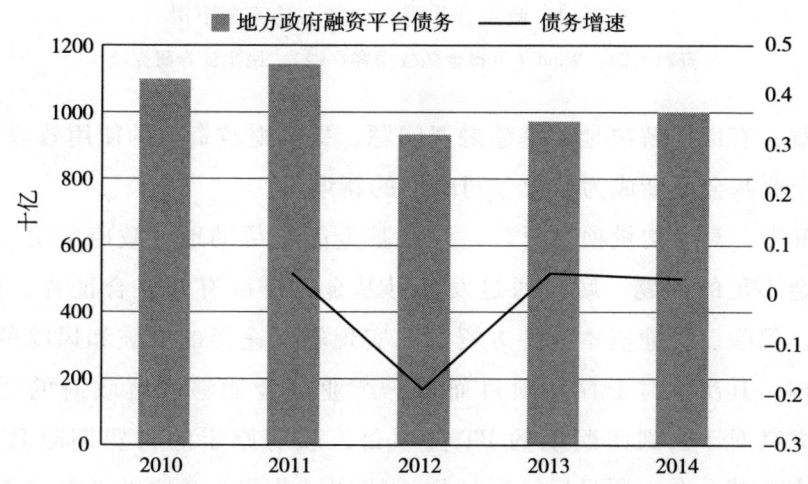

图 7-3　地方政府融资平台债务增长停滞

资料来源：Wind（万得金融数据客户端），民生证券研究院

虽然多数城投公司仍以银行贷款等间接融资为主，但大部分都逐渐意识到直接融资"低成本、高效率"的优势，并开始提高直接融资比例，置换高成本融资，优化资产负债结构。在产业投资基金模式下，地方财政以较小比例的股权加入投融资项目，对项目特许经营，并收取附

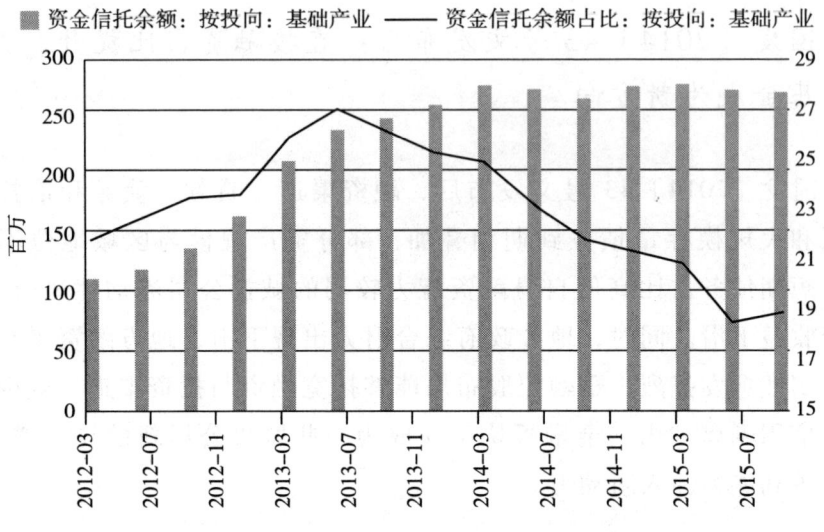

图7-4 政信合作资金余额占比不断下滑

资料来源：Wind（万得金融数据客户端），民生证券研究院

带权益，有助于解决地方基建融资问题，提高财政资金的使用效益。

产业基金逐渐成为城投公司融资的新渠道。

首先，对于增量项目而言，产业基金能够帮助地方政府解决当前建设资金不足的问题。政府通过发起母基金，可以有效整合证券、银行、信托、保险、实业资本等各方资源，实现融资途径的突破和风险的多层次分担。其次，对于存量项目而言，产业基金能够缓解政府的偿债压力，尤其对于已到回购期的BT类项目，政府原定的付费期限是3~5年，产业基金介入项目后，通过授予特许经营权，政府的补贴或支付期限可以延长为十年甚至更长。此外，以基金的形式筹集资金，可以实现表外化的融资，降低城投公司的资产负债率，同时带动提升自身投资管理水平。

根据国办发〔2015〕42号的规定，转型后的融资平台公司可以作为社会资本参与当地政府的PPP项目，突破了财政部《政府和社会资本合作模式操作指南（试行）》中关于"社会资本不包括本级政府所属融资平台公司及其他控股国有企业"的限制条件。在传统投融资模式下，地方政府以自身信用为平台公司的投融资项目作隐性担保。城投公司作为发起人，成为普通合伙人或者次级有限合伙人参与产业投资基金，可以提高其他社会资本的参与积极性，既能通过市场化的运作为地方基建项目筹集资金，其国资背景又能充分保证PPP项目符合公共利益。在进行市场化投资的过程中，项目收益取决于项目实际运营情况，最后通过项目清算、股权回购或转让、资产证券化等方式实现退出。

金控平台成为城投公司转型方向之一

1. 流动性管理

各城投公司在管理体制、股权结构、资产负债、业务领域、经营绩效等方面存在较大差异，部分城投公司短期债务占比较高，且对外融资能力弱，难以通过银行获取充足资金，面临较大的流动性风险。通过金融控股布局，能够促进城投公司融资方式多元化，存量资产得以重新组合，增量资产得到优化配置，企业财务状况有望改善，市场话语权得到提高。

首先，布局金融板块能够减少城投公司对银行贷款和政府信用的依赖。国发〔2010〕19号文发布之后，银行贷款收紧。2013年非标受限。国发〔2014〕43号文发布后，城投信用从政府信用中剥离，城投公司融资渠道受限，资金链断裂。通过参股银行、证券、信托、租赁、基金等，能够保证城投公司具有多元化的融资渠道，能够根据不同业务的融资需求选择不同的融资方式，对接基础设施建设需求，以满足企业的资金流动性。

其次，降低融资成本和信息不确定性。城投公司通过参股银行等金融机构，能够促进产融之间相互了解，减少金融机构与企业之间的信息不对称性。

最后，控股集团的各金融业务单元是相对独立的法人，分别从事不同的业务，受不同监管机构监管，即股权与牌照相分离，这样既能发挥综合经营的优势，又能在不同业务之间形成"防火墙"，产业资本与金融资本收益共享、风险共担，有利于分散金融风险，增强主体的信用资质。

2. 外部性——通过金融控股业务为地区中小企业解决融资问题

地方中小企业融资难、融资贵很大程度上是由于双方信息不对称、第三方金融信用信息不足。城投公司通过打造贯通多个金融板块的信息化综合业务系统，形成以本地为主要着眼点、以各类中小企业融资需求为抓手的类金融控股业务图谱，将自身业务定位在"为中小企业融资，推动实体经济发展"上，锁定解决当地中小企业融资难问题。不同于银行等机构，地方类金融服务企业能从实际出发，而熟悉本地市场、了解地方需求成为城投公司转型金控的关键突破，从而服务当地实体经济。

以渝富集团为例，作为重庆市政府的投融资平台，渝富仅仅依靠自身滚动发展或者政府财力投入，难以满足市国有企业改革发展的要求。借助金融市场的力量，渝富不仅可以快速扩大资产规模，而且可以不断完善治理结构和运营机制，提高抗风险能力，反哺重庆市的实体经济。公司已发展成为集土地收购开发、实体和金融产业投资、资产管理于一身的重要经营实体，涵盖重庆市工业、科技、能源、金融和土地收购开发业务等。投资资金主要源自渝富集团收购的规模颇具升值潜力的土地、不良资产处置，以及担保业务所带来的较为稳定的业务收入、实体和金融产业优质股权投资所带来的稳定的投资收益等。

3. 被动性——项目稀缺，资产配置开始追求市场化收益

在经济下行背景下，政府对城投公司的再融资监管适度放松，外加公司债市场化改革、企业债放松主体审批和资金限制，这些都在一定程度上缓解了城投公司的资金流动性紧张。然而，以房地产、基建和出口为核心的终端需求下行是长期的、结构性的，以前述三者打造的产业链产能相对过剩，面临去杠杆和去产能的压力。实体能够提供的高回报率

资产供给开始减少，资产的风险溢价开始上升。

债务置换规模巨大、新增投资稀缺，城投公司要剥离政府融资职能，要么退出市场，要么加速转型。在被动改变过去听政府指令投资的生存方式之后，部分城投公司拥有充裕的现金流可以对外投资，资产却无从配置，对未来投资计划的安排缺乏主动调节的能力。合理的资产布局能够帮助公司避免过度投资、盲目多元化等风险。

金控平台两大风险

褪去政府融资平台身份，对于政府色彩弱化导致银行青睐减弱，构建金融控股平台以参股股东的身份加强银行的贷款支持，更具市场化意义。金控平台为城投公司带来收益的同时，是增加还是降低了企业风险？可以用市场化的眼光来进行研究：

1. 城投公司主业与金融资本的协同风险

金控平台需要明确产业和金融在城投公司的定位及价值创造方式。美国实业金融化的过度开发导致的严重经济泡沫，给金控模式的推广敲响了警钟。产业周期的波动将影响金融机构的运营状况，造成风险传递，进一步引发连锁反应，对企业整体运营状况产生威胁。

如果城投公司的主业与金融资本之间无法形成协同效应，则会增加企业经营风险。同时，产业发展模式与金融发展模式有所差异，城投公司在相关专业、人才、法律法规、企业文化等方面是否准备充分，将直接影响其金控方向转型的成败。

2. 内幕交易冲突与社会资源分配不公

金融控股公司的各子公司之间进行关联交易，使得集团内各项业务出现交叉和相互影响，增加了控股公司股权和资金运作的复杂性。可能形成的风险，不仅仅是资金链中断引起公司财务风险的暴露，还有形成巨额国有资产损失。例如，金融平台中的金融业务更多服务于企业内部市场，进行贷款业务时，企业内部的金融机构对企业的要求和调查远不如外部金融机构那么严格，就算企业经营状况不好，为了维持生产经营也不得不贷。如此，把有限的资金投放给了效益不好的集团成员，容易造成经营良好的企业资金短缺，造成公司效益下滑。

在产融结合发展模式下，金融资本是促进产业发展、迅速扩大企业规模的重要工具。但是，地区城投公司合并重组成立当地最大的国有企业，再参股银行或者布局金融公司，是否会重复过去侵占社会金融资源的老路？如果说过去是依赖政府隐性信用，那现在则是依靠庞大的国有资产经营在掌握社会资金的配置权。对社会资源的"挤出效应"需要各级政府对城投公司转型进行积极正确的引导。

综上所述，对于具备经营性资产和持续造血能力的城投公司来说，金融资本的运营应是企业战略规划中必不可少的板块之一。从实际情况来看，一方面，城投公司要将基础设施建设、土地开发等传统业务定为转型的基础；另一方面，城投公司应在承担传统业务的同时，依托政府渠道和自身的资源配置优势，发展资本投资和运营功能，而这需要城投公司产业资本通过重组、兼并、收购等方式对金融领域进行渗透。通过产融结合建立金控平台来促进公司的资本运作，是城投未来的转型方向之一，但成功必须建立在产融互动协同、内部风险管理框架完善的基础上。

产业投资的探索

从现有资料来看，依从于传统城市发展建设职能，城投公司主营业务大多为农业、水利、公路等交通设施和能源供给等市政设施，在新形势下，城投公司开始积极主动探索新业务、新的企业发展点。剔除城市发展建设职能后，传统城投公司就回归到了一般的生产经营性企业，同样面临市场竞争、追求经营利润；只是在探寻新业务方面，不同地区和不同规模的城投公司显现出了不同的特点。

新业务主要关注一些特定领域

城投公司以政府出资方式成立,各地方国资委等为城投公司主要股东和实际控制人,这使得城投公司和政府存在着天然的不可分割的联系。在城投公司日常业务发展过程中,这一联系表现为不以公司利润为根本性业务目标,在产业拓宽和发展中大多选取兼具民生和营利性质的一些特定领域。根据目前资料来看,各地城投公司在寻找新一批利润增长点时大多关注一些特定行业,比如说旅游、养老、教育、生态环境和服务业等利润率较高的产业,并且业务模块大多以第三产业为主。

1. 旅游业

从我国旅游业发展的现状来看,2015 年,我国国内旅游总收入为34195 亿元,国内旅游人数总计 40 亿人次,入境游外汇收入为 523.64 亿美元。作为蓬勃发展的第三产业,始终保持高收益的势头,产业发展快速,吸引力较大。根据我国相关法律规定,国家拥有大部分旅游资源的所有权,各级政府拥有管理权。旅游资源作为国有产权,要求国家权力执行机构代为行使,相关政府部门为代理者,不仅拥有旅游资源的管理权和经营权,也拥有收益权和使用权。作为国有资产的一个部分,旅游产品在进行相关定价时,需要在考虑营利性的同时兼具民生性,以充分发挥政府为人民服务的本质。但现实中却存在高门票和所有者虚化的问题,使得旅游资源表现出按照私人资本的管理模式进行经营的特征,这也使得旅游业的民生性无法显现。

旅游产业现存的民生性缺失和资源所有者难以充分发挥所有权的问题,是城投公司所能参与缓解和解决的,在实际的产业探索过程中也已经进行了一定的尝试。我国东部沿海城市海岸资源优势明显,旅游产业发展较早,现有发展水平也比较高,某旅游城市的城投公司早在 1994 年就已经成立了自己的国际旅行社,并于 1996 年获批成为中国一类旅行社,经营国内外各类旅游项目。城投公司涉足旅游业的过程中,不仅可以参与旅行社的建立、相关交通客运业和住宿业的发展过程,还可以参与相关旅游景点的建设、维护和经营,从而将旅游景区的实际管理权收归国有,从根本上促进旅游产业向民生产业进一步发展。

2. 养老产业

2015年,我国65岁以上人口占总人口比例达到10.50%,相比于2005年的7.70%增长了2.8个百分比,绝对数量上老年人口在过去十年间增长了4366万人。随着我国老龄化社会的到来,必须注重养老产业的发展,将老年人口的赡养问题纳入政府管理内容,推动养老事业的产业化发展,以真正做到"老有所养,老有所依"。同时,作为政府实现为人民服务的民生工程、老年人口社会保障事业的一个主要部分,还应该在推动产业化经营的过程中,关注其利民的性质,在一定程度上引进市场化竞争模式。

相比于其他发达国家,我国养老产业起步较晚,目前发展状况并不尽如人意。首先,我国现存养老产业发展水平较低,和市场需求并不相适应,养老资源的社会普及率较差,家庭养老成为主要的养老方式。2014年,我国共有65岁以上老人13815万人次,但是国内仅有养老服务床位577.7万张,每千名老年人养老床位仅有27个。其次,我国现存养老机构运行模式和盈利模式模糊。我国的养老地产市场刚刚起步,国内对于老年住宅管理还停留在传统的居家式养老、养老院、敬老院的福利制管理模式上。我国城市养老服务机构中出现企业性质、民间非营利性组织和行政事业单位等不同模式,不同模式差异性较大,城市养老模式和农村养老模式更是不同。从盈利方面来看,2014年,执行企业单位会计制度的城市养老服务机构的营业利润为负。最后,我国养老产业起步较晚,效率低下,发展水平较低,仍旧处于市场化的过渡阶段。我国现存养老服务机构中,以农村养老服务机构为主,每年提供的床位数量占我国全部养老床位数量比例最高,且农村养老服务机构以公办机构为主,仅存在一部分的民办养老机构。

我国养老产业发展历史不长,作为一项产业系统工程,为促进其稳定发展，需要各方协同。政府要构建完整的政策和财政支持体系，将养老产业实际纳入民生工程中，完善老年人的社会保障工作；其次将私人资本引进养老产业，促进其产业化经营，以市场化的竞争机制保证其服务水平，推动其从传统业态多元化拓展和培育新兴业态两个方面共同前进。从这一角度进行产业规划，就需要养老产业市场中同时存在体系完善的公办养老机构，以保证老年人可以以较低的价格享受政府养老服务，同时引进私人资本，建立民办养老机构，确保养老产业的多面开花。而城投公司作为兼具政府性质和企业性质的主体，在养老产业过渡阶段对于该产业具有天生的适应性。就目前来看，有很多城投公司将目光锁定到了养老产业，并进行了一些尝试。东北某省会城市已经于2015年由当地民政局发起开始了一项养老示范项目。项目主要分为三个部分，分别是养老机构建设、托老服务中心建设和居家养老服务中心建设。项目建成后，预计将服务该市超过70万名老人。该项目合作期限25年，通过竞争性磋商模式引入社会资本，项目主要运作模式为由社会资本组建项目公司负责项目的投资、建设和运营维护，政府负责对项目公司提供特许经营权、运营补贴、政策等支持，并对项目公司进行监管。项目合作期限结束后，项目资产移交给该市政府或其指定机构。总之，将城投公司引入养老产业，能够有效保证其在快速发展的同时兼具公益性，是保证老有所养的一种方式。

3. 教育产业

教育产业一直是关系民族未来发展水平的关键因素，我国对于教育是否进行产业化的争吵由来已久，我们认为以高等教育和职业教育为代表的教育可以产业化，这是社会主义市场经济发展的客观需求，但义务教育不能产业化，这违背了教育的公益性本质。

参考国外的相关经验，我国民营资本也想进入需求量长期有所保证、市场广泛的教育行业，但是目前可以见到的一些尝试体现出了优势，也暴露出了很多问题。随着高等教育改革的深入，各大学开始发展产业集团，清华紫光、北大方正等集团在成为中国高校产业界成功范例的同时，产学研三者难以平衡的问题也逐渐暴露。除此之外，民办教学不断兴起，急功近利问题广泛存在，各地因"教育储备金"倒闭的民办学校屡见不鲜，政府在善后工作中承担了巨大的经济压力。这些问题的解决有助于教育产业未来的快步发展。在教育产业化发展的转折阶段，城投公司作为政府下属参与民办教育的扩展过程，既有助于提高民办教育的市场化程度，也能以自身的强大资金实力提高民办教育的整体水平。以大规模的经营保证收益，同时兼顾教育的公益性，避免急功近利的现象继续出现。城投公司在教育产业方面的尝试，也存在一些现实的案例，并且取得了较好的成绩。经过多年的发展，我国南方某发达城市的城投公司已经将驾驶培训教育发展成为公司的一项基础业务，并形成规范化、集团化的连锁服务发展模式，每年为社会输送十余万名合格驾驶员。

4. 城市环境治理产业

据环保部和中国工程院（2011）估测，中国有超过3亿人使用的水受到污染。2014年，我国城市生活垃圾清运量达到1.79亿吨/年，比2004年增长了15.2%，城市用水普及率达到97.64%，水污染和短缺、垃圾污染（固体废弃物污染）和噪声污染、土壤污染等一系列的城市环境问题亟待解决。

过去，我国大型城市生活垃圾处理转运站建设，即城市生活垃圾的运营、转运和城市生活垃圾分拣与物质利用，不仅没有对社会开放，而且到目前仍没有形成市场。城市生活垃圾处理行业具有"长效投资，稳定回报"特点，大量的社会资本甚至国际资本都有意投资该领域，投资垃圾处理的企业呈逐年递增趋势。目前来看，垃圾项目的主要盈利点有三个方面：增加收入来源、有效控制成本和充分利用调价公式。政府支付给运营企业的垃圾处理补贴收入是社会资本回收建设运营成本的主要来源。

在城市环境治理方面，城投公司业务开展时间较早，相对其他新业务领域，经验更加丰富，在污水处理和垃圾处理方面的产业化尝试案例也已经较多。例如，某国际化大都市曾经只有一处生活垃圾集中处置场所，需要处理全市约90%的生活垃圾，且填埋场处理技术仅是简易的堆埋，同时还面临经费不足和处置负荷已达原设计能力120%的问题。基于此，该市计划将该生活垃圾处置场扩建一期，2003年底签订全部建设协议，组成合资公司，其中该市城投公司占股40%，外方和财务投资者各占30%。主体工程最终于2003年12月12日正式投入运营，占地面积3.36平方千米，距市中心约60千米，生产能力为日处理城市生活垃圾4900吨。项目投资总额5.1亿元，资本金占投资总额的1/3，为1.7亿元。城投公司参与城市生活污水和生活垃圾处理的项目，在几乎各个主要城市都有例可循，也已经摸索出自己独有的一套模式，对于帮助治理城市环境问题起到了很关键的作用。

产业探寻依托于区位优势，区域性明显

自上海市设立全国第一家城投公司以来，城投公司已经在各个大中小城市纷纷发展起来。这些不同地域的城投公司最初都关注城市基建项目，但随着特色业务的发展，各公司纷纷依循地域优势，希望借助特有资源抢占市场，因地制宜发展具有自身优势的项目。

1. 旅游产业

随着我国经济水平的不断提高，旅游业在我国各个区域都有很大程度的发展。我国人均年旅游花费已经从1995年的218.7元发展到2015年的854.86元，其中城镇居民的人均年旅游花费已经到975.4元，2014年的城镇居民出游率也已经达到了373.1%。旅游产业的发展水平，在很大程度上由该地区旅游产品的开发程度所决定。一般来说，拥有较多旅游景点等旅游产品的城市，在旅游行业表现得更出色。它们拥有更多的相关收入，政府支持力度更大，从而促进旅游业相关的交通客运业和住宿业有较高程度的发展，带动该城市整个旅游行业的良性发展，提高其与其他城市旅游行业的竞争能力，进而导致不同区域甚至不同城市间旅游业发展水平的较大差异。在拥有较多旅游资源或者旅游产

业链整体发展较成熟的城市和区域，城投公司表现出进入旅游业的时间相对较早、寻找行业进入点比较方便的特点。我国旅游业在不同城市和区域的发展水平和收益水平不尽相同。2014年，北京接待国际游客427万人次，上海接待国际游客640万人次，云南接待国际游客287万人次，而山西接待国际游客57万人次，甘肃省接待国际游客5万人次。

　　城投公司在选择进军旅游产业时，也要综合考虑自身优势和城市资源优势。就目前情况来看，东部沿海城市和西部内陆地区，旅游产品数量和规模上水平较高，相应城投公司对于旅游行业已经开始有所涉猎，部分城市甚至在企业建设初期已经进行了相关产业的尝试，并取得了较好的成果，中部城市的城投公司开拓旅游产业的势头并不是那么明显，体量也相对较小。以某西南部著名旅游省份为例，该省旅游产品丰富，旅游产业发达且发展时间较久，2012年该省城投集团组建适应当地旅游业发展的民族文化旅游产业有限公司，整合集团内部和省内外旅游资源，布局"大旅游、全产业"的战略。该公司旗下拥有1个5A级景区和5个4A级景区等优质资源，2013年总资产已经超过60亿元，年营业总收入8亿元。

2. 养老产业

　　各地方城市经济发展水平不尽相同，城镇化水平也存在着很大的差异，不同城市医疗水平、平均居住条件、城市环境质量不同，计划生育实施情况也不尽相同。综合作用下，不同城市间老龄化水平也不完全一样，养老需求程度不太相同：在老年人口比例较高或者人口预期寿命较长的城市，养老产业的市场需求程度较高，对产业的供给速度和规模就具有相对较高的要求。养老产业作为一项公益性质的产业，在发展过程中也需要政府的大力支持，城市经济发展水平相对较高、政府财政情况表现较好的城市或者地区，养老产业的发展就具有一定的优势，更适宜较早较快地开展养老产业的战略布局和发展。有研究表明，以持有为主的养老地产，投资回收期普遍为10~15年，年投资回报率为8%~10%，以投入大、周期长为主要特点。

表7-2 2014年我国部分省区市人口情况 单位：万人

省区市	总人口	城镇人口数量	城镇人口比例	老年人口比例
天津	1516.81	1247.88	82.27%	11.68%
重庆	2991.4	1782.87	59.60%	14.12%
上海	2425.68	2173.41	89.60%	9.68%
河北	7383.75	3642.4	49.33%	9.32%
山西	3647.96	1962.24	53.79%	8.52%
辽宁	4382.4	2951.5	67.35%	12.16%
安徽	6082.9	2989.75	49.15%	10.42%
江苏	7960.06	5190.76	65.21%	12.06%
云南	4713.9	1967.11	41.73%	8.72%
广东	10724	7292.32	68.00%	8.27%
河南	9436	4265.07	45.20%	8.76%
陕西	3775.12	1984.61	52.57%	10.61%
新疆	2298.47	1058.91	46.07%	6.87%

  城投公司选择养老产业开发和建设的区域，要综合考虑自身企业实力和发展能力，以及养老产业布局地区的市场需求和人均经济水平。总之，养老产业在我国是朝阳产业，且具有很强的区域性。目前，已经有部分城投公司开始涉足养老产业，其中一个特殊的案例可以明确显示养老产业区域性的现状。我国西南地区某大型省级城投公司，综合考量所在省份的经济环境、自然环境和人民的人均收入、消费理念，先后在省外两处布局养老产业，而没有在省内进行相关建设。该城投公司以其子公司为养老产业发展主体，采用股权+债券的模式进行营运，最近一次投资是2014年，计划除注册资本外，以6亿元作为开发费用的上限，并由城投公司负责筹措，以债券投资形式投入，投资开发某东部沿海城市的地块，进行养老产业的开发。该地块占地442亩，总建筑面积53万平方米，因地理位置优越，被称为该市的城市"后花园"。这已经不是该城投公司第一次选择外省地块投资发展养老产业了，并在之前的项目中取得了一定的收益，可见我国养老产业的发展区域性很明显，预计未来

产业布局也会出现省市间不平衡的现象。

3. 教育产业

教育行业是一个几乎不存在周期性的产业，不论经济发展状况如何，都面对着一个巨大的市场，目前也已经受到了各种投资机构的关注。仅我国在外籍人士主要居住区建设和发展出了国际学校等众多的私立教育机构，且发展势头愈演愈烈，便可见一斑。

近些年，教育产业化布局的呼声逐渐扩大，在基础的、国家设立的幼儿教育到高等教育之外，各种大规模的补习机构、职业教育学校、网络教育学校纷纷涌现，并取得了很好的收益，可见我国体制外的教育形式部分已经开始了产业化布局，私人资本也开始不断寻求进入教育行业的机会。在这个过程中，兼具市场性竞争理念和追求民生水平提高的城投公司，有必要进入相关领域进行行业维护和整合，在保证收益的同时确保我国各类教育形式的公益性。但是不同区域经济水平不同，人民在教育方面的投资水平也不尽相同，不同的人口结构使得不同地区需求的教育形式也不尽相同。在教育产业化投资的过程中，不同区域表现出了不同的特点，通常来说，人口较多的大省市对于职业教育等各种教育的需求都会比较高；高等教育比较发达的城市，对于语言培训的需求量比较大；外籍人士较多的地区对于私立教育的要求较高。根据不同区域的特点和资源优势，某些城市的城投公司已经进行了一些在教育领域投资的尝试，如某东部城市城投公司设立的城投教育投资有限公司，借助本省孔子故乡的资源优势，与孔裔教育集团和英国牛津大学共同合作，建立了一所国际公学。该公司同时下辖众多其他国际学校、私立初高中和特色网校，成为该市社会力量办学的一面旗帜。

4. 城市环境治理产业

近几年受关注的北京、上海的大气问题，使得城市环境治理成为社会迫切需求，但是不论是治理水平还是产业布局都比较欠缺。并且，越大型城市越不断向外扩展，城市规模不断扩大，环境治理的压力日益提升,形成了大城市的城市环境治理问题重于小城市、城市的环境治理问题大于农村的现状。

根据联合国统计数据,截至2014年,我国的城市化率为54.41%,而英美日韩等发达国家的城市化率都已经超过80%,其中日本的城市化率甚至达到了93.02%,可见我国在促进城市发展、提高城市化水平的道路上还要坚持很长一段时间。可能在未来的一定时间内,随着经济的发展和政策支持水平的提升,我国现有中等城市的城市规模会进一步扩大,将面临现有大城市面临的城市环境治理问题。我们认为,城投公司在参与城市环境治理产业方面具有很现实的意义,长远考虑,应该先从大城市开始,再逐渐向中小城市发展,按照不用区域的情况制定相应的产业布局策略。

产业投资的风险

城投公司在积极拓展自身业务、寻求企业发展新重点的过程中,虽然找到了一定的模式并取得了一定的成效,但也遇到了很多的问题,暴露出企业自身存在的一些弱点。这在城投公司投身竞争性市场、开展竞争性业务时,会给企业自身带来很大的风险。

对项目的独立识别

城投公司在探寻新业务领域的过程中,大多是在整体布局产业的基础上,遵循项目制的操作模式进行相应的业务扩展。此外,在具体项目中还要因地制宜,综合考量再确定是否进行相关项目。比如上文中提到的西南某省城投公司,没有选择在本省布局养老产业,而是积极在省外适宜地区开展相关项目,在服务当地城市百姓的同时获取收益、积累经验。他们做到了在选定产业路径的同时,也关注个体项目的可行性和收益,以实现"有投资就有回报"的诉求。但是并不是所有城投公司都可以做到这一点,很多城投公司盲目追求朝阳产业,不顾自身情况和项目可操作性,不对项目本身进行识别而盲目开展项目,使得公司选对产业却不能真正实现企业收益的扩大,反而造成巨额亏损,承担更高的风险。

西南某城市的地方龙头房地产企业,作为当地唯一一家上市的房地产公司,在拿下该市大面积的保障房建设项目之后,因为自身保障房项目资金需求缺口比较大等原因,于2011年被爆出最大一笔保障房投资协议的第一个大型项目在当年春节后几乎处于停工状态,同时另一重点项目也未能如期开工,从而引发其股价暴跌。可见城投公司在承接项目、开拓产业的过程中,需要综合考虑自身条件和项目规模。城投公司在寻找新的利润增长点的过程中,需要找寻的是能够带来长期持续性盈利能力的经营主业,所以需要在项目开展初期就进行相对完善的项目评估,提高项目识别能力,避免出现为追求短期利润而盲目开展项目的情况。综合而言,则是建立相应的项目选择机制,完善法人治理结构,积极健全自身制度建设,以加强对竞争性市场的适应能力和抗风险能力。

应对一般经营性风险的能力

脱离地方政府的直接保护,进入竞争性市场,涉足竞争性业务时,城投公司与一般的企业并没有实质性的差别,这种别无二致使得城投公司在涉足新业务时,同样面临所有竞争性企业都面临的一般经营性风险。所谓经营性风险,是存在于所有公司、由生产经营的不确定性带来的风险,是一项只能削弱、没有办法以一己之力完全避免的风险,需要较高的风险控制和风险应对能力,以控制损失、保证收益。在应对和避免这类风险时,需要企业建立一定的风险信息系统,将风险信息采集、分析加工、整合提升以及交流总结等风险管理工作规范化、长效化和制度化,达到以制度建设促进全面风险管理文化建设的目的。

对城投公司的组织架构进行相应梳理,可以发现很大一部分的城投公司并没有设立相应的风险控制部门，其中甚至包括建立较早、规模较大的一些城市建设投资（集团）有限公司。这可以从很多方面进行解释，其中最重要的就是城投公司在参与竞争性业务之前，依靠国企的身份进行项目的承接和建设，所有相应的亏损等风险最终都会转嫁到政府身上，企业自身并不需要相应的部门进行约束和管理，也没有必要和激励设立风险控制部门。而当城投公司开始涉足竞争性业务时，一般经营性风险第一次出现，由于缺乏相应的风险应对和控制机制，就比私人资本应对风险能力弱，没有办法做到及时识别、及时止损，进而将自己置于更大的风险中。某发展最早的城投公司就曾经因前期技术验证不全面，在投资全部结束后才发现总投资3.5亿元的城市垃圾处理项目不具有可行性，最终宣布项目破产。可见，在风险面前，城投公司较差的风险应对能力会带来较高的损失。

地方政府不当行为

在国发〔2014〕43号文和政策整体明朗的影响之下，城投公司开始不断尝试进行新业务的扩展、突破固有业务，寻找未来企业发展和进步的新的业务基础和利润增长点，并且承受暴露在竞争性市场中可能要面临的更多更大的风险。但是目前来看，虽然很多城投公司进行了不同业务模块的尝试，但他们最大股东仍旧是国资委、财政部门等一些政府部门。冲破业务范围却没有冲破政府的实际控制，使得城投公司在进行新业务的探索过程中仍旧可能受到政府部门的影响和制约。一旦政府从自身利益出发，更多地考虑公共事业属性和政府政绩，有可能会采取一些制约城投公司进一步发展的措施。江苏某县曾开展一个重点旅游景观项目，其中政府未批先建的不当行为导致了该项目建成后仍旧无法正常运营，损失全部1.5亿元投资，且至今无法造福当地人民和经济。

在一般的经营性公司内部，董事会等关键机构在整个公司的发展路径和大型项目的选择上具有绝对的发言权，城投公司作为企业制主体，在发展模式上必然要受到主要股东的限制，政府在其新业务的扩展过程中必然会施加一定影响以保证收益。政府作为一个非企业性质的主体，在制定相关要求时可能并不会以市场化准则为出发点，且由于寻租等问题的存在，可能会出现一些政府不当行为，使得城投公司面临更大的风险。

缺乏专业性人才和相关经验

全新的自主经营模块需要城投公司摆脱国企身份，以一个独立的追求竞争性利润的企业参与市场竞争，只有具有一定的不可替代性和竞争优势才有可能在新的产业获利并实现业务的长足发展，这意味着对城投公司相关领域的人员、经验、优势等有着更高水平的要求，也凸显了城投公司在这些方面的不足。城投公司人员主要来自于政府机关部门，缺乏足够的经营管理经验，面对全新的市场化竞争性业务，暴露出人才队伍技能结构不合理的弊端，缺乏应对全新环境的综合专业管理团队以及对经济活动和市场投资进行分析的专业人才。以某市城市建设投资集团有限公司为例，截至2009年6月，该公司本部共有员工57人，管理人员40人，技术人员17人，其中大专29人，本科21人，硕士及以上1人。公司的高层大多来自政府机关或有机关背景的国有企业，其最终升迁目的地仍为政府机构，高层领导仍固守政府机关的管理模式，人力资源管理应发挥的作用难以体现。同时，受行政事业编制的限制，选拔和聘用人员的渠道不畅，公司近几年调入的人员都是从机关调入，尤其是机构改革分流人员。沿袭行政机关的激励考核体制和作风，效率低下，人员升迁"论资排辈"。同时，因为公司成立时间相对较短，人少事杂，对员工缺乏定期的系统培训，人员素质和技术水平处于相对较低水平。

而专业型人才以及相配套的人才激励机制是业务顺利进行的保证，尤其是服务、金融等行业。以某大型城投公司为例，该公司已经实现旗下金融资产的整合，并通过和国外金融机构合资，成为资产规模上千亿元的金控集团，并完成了海外上市。这种具有很强市场性质和专业要求的公司，对于专业性人才的需求变得空前高涨，也使得旧有人才结构不合理的问题暴露出来，亟待解决。除此之外，一些规模比较大的城投公司因为发展时间较长，在基建之外的行业也已经有所涉猎，积累下了一定的经验，但是因为缺乏必要的激励机制和适应市场竞争的人才队伍结构，也为企业的市场化带来了一些阻碍。

在解决这一问题的过程中，一部分城投公司选择直接吞并或者注资具有该行业一定从业经验的中小型企业，将他们的经验和相关人员直接拿过来使用，从而快速而简便地进入行业，之后再寻求业务规模的进一步扩大。这一方法有助于企业快速了解全新的业务形式，但是被吞并企业的规模和现状，反过来对城投公司相关业务的进一步扩张带来了一定的制约。也有一部分企业完全从头开始，逐渐摸索建立自己的全新业务模块，这些企业在相关领域的经验积累较少、发展速度较慢、发展后劲不足，很难在短期内发展成为企业的全新经济支撑点，可能在短期内拉低企业的发展速度和规模。

第 8 章
城投转型与城市投融资新体制

城投成功转型的探索

从受地方政府强干预的公益性、非市场化主体大跨步转型成为经营自主、盈亏自负的准市场主体,对于各家城投公司都是不小的挑战。这不仅仅是企业的业务转型问题,更是地方政府职能转变、城市建设投融资体制改革的重要一环。各地城投公司的发展规模、业务范围以及公益性程度的强弱往往与当地城市发展程度紧密相关,相当一部分城投公司主体已经逐渐转变为纯粹意义上的融资平台角色,不同程度发展经营性公用事业项目,并开始尝试绝对的实体经营。总的来看,省级或者地级市城投公司进展转变相对提前。

依托城市发展的渐进式转型

经济发达地区,城市在发展早期已经从集中基建投资转向投资、运营并重。在这个过程中,城投公司的投融资职能随着建设空间的压缩而弱化,对建成并投入使用的公用设施的运营职能逐渐增加。与完全公益性的市政道路、公共设施相比,类似于供水、供电、供热或者功能性场馆这样的基础设施,能够产生一定的现金流入,在城投公司的收入结构中占比呈现上升趋势。尽管收益难以覆盖全部的成本,但对于企业来说,可以看作独立经营的良好开始。一般而言,发达地区、行政级别较高、企业规模较大的城投公司更具备这样的转型条件。

例如上海城投,1992年正值浦东大开发,上海市也希望借此机会大力改善城市基础设施环境,先后成立上海城市建设基金会、上海城投,以解决建设资金短缺问题。成立之初,上海城投的主要职能就是融资:集中管理城建规费、建设费用,以此为杠杆,以政府信用为背景、以公司为法人募集资金,支持基础设施建设,投资的任务则另由上海政府单独向社会招标具体的施工队伍完成。这个时候基建以公益性为主,例如典型的路桥——杨浦大桥、徐浦大桥、延安路高架、内环线等,项目缺乏投资回报,偿债资金的安排主要靠地方财政收入,如财政资金、土地批租收入等。2000年年底,光是这一项就筹集资金1000多亿元,建设期间还需要上海城投举借短期债务如银行借款、发行企业债用以借新还旧。

但以中环线项目为起点,上海城投逐渐担任起投资职能。针对某个项目,上海城投与其他主体合作成立项目公司,专款专用,借款用款还款一体化,项目公司同时承担融资与偿债责任。政府与上海项目公司之间采取代建、BT等模式,项目公司收入来源于政府回购,偿债资金来源与之前并没有多大变化。但2004~2005年,市政府逐渐将水务资产、交通投资、市政资产以及固废处置中心等公益性资产,在保证项目公司具备一定造血潜力的前提下,开始实行政企分开、管办分离。

2014年12月,上海城投(集团)有限公司成立。上海城投的职能由原来的政府投融资、建设、运营主体向"城市基础设施和公共服务整体解决方案提供商"的角色转变,旗下的上海环境集团、城投水务集团、建银城投环保产业基金、诚鼎创投基金等，都在全国范围内积极拓展基础设施和公共服务领域的市场。其中，城投资产管理集团的拓展步伐已迈出国门，与兄弟企业组成联合体在美国纽约介入英迪格酒店项目建设管理业务。

国发〔2014〕43号文发布之后地方政府的积极改变

对于中西部地区或者行政级别较低的城投公司而言，上海城投的转型路径显然缺乏可复制性，偏远城市公益性项目仍然是投资重点。虽然也有相应的水、热、燃气等准经营性资产，但大部分由不同的独立的小城投公司负责经营，难以发挥规模效应。面对这样的城投布局，在国发〔2014〕43号文的引导下，鉴于省内各个城市的城投公司的情况相近，中部一些省级政府通过拟定全面的指导性文件，对区域内的城投转型给予具体的布局和支持。

以河南省为例，河南省政府在2015年1月迅速出台了《关于促进政府投融资公司改革创新转型发展的指导意见》，在省委、省政府统一领导下推进改革，政府各部门横向协调和省、市、县三级纵向联动，合力推进当地城投公司转型。这属于典型的地方政府引导式转型，即通过全局性的政策安排，尽可能提高各级政府部门的重视程度和积极性。

河南省的"指导意见"首先对城投公司有了明确的定位，即"通过政府性债务剥离和资产重组、股权结构调整优化、运营模式和机制创新，使其发展成为各地投融资的改革创新平台、国有资本投资运营的主体、开展公私合作的政府授权载体"。

以此为转型核心，"指导意见"提出省级、市级以及县级城投不同的转型方向：省级政府投融资公司主要承担关系全省发展全局的重大基础设施、产业结构调整等建设项目的投融资职能，在地区内部形成示范效应，"在政府投融资公司资产存量盘活、增量突破方面发挥带动作用，在积极开展公私合作、资产证券化方面发挥引领作用"；市、县级政府投融资公司要严格按照国家要求，尽快从已融资的公益性项目中退出，通过股权转让、合资合作、资产证券化等多种方式引入社会资本，积极运用政府和社会资本合作模式。

在具体的转型操作上，河南省政府在法人治理结构改革、内部经营机制改革、监管体制改革、运营模式创新、融资模式创新、公司合作模式创新等方面都做出了相对清晰的指导。地方政府能够出台这样一部纲领性的文件，不仅仅是为当地城投公司提供了转型的路径指导，更重要的是，体现了政府部门的支持态度以及与城投公司分开的决心，对于城投公司而言，既是助力也是压力。当然，各个地区的实际情况有所区别，还需要根据各自的历史问题、发展情况因地制宜做出引导。

实际转型操作中不容忽视的难题

无论规模大小、公益性强弱，在实际转型过程中，全国的城投公司有几个普遍关注的难点：

1. 企业定位的转变

过去的城投公司是政府投资体制的产物，公司的投融资决策均体现了政府意志，当褪去政府平台的角色，将企业经营范围由公益性向公益性与经营性并重转变，就需要调整好两大领域的占比。

城投公司的企业重新定位中，城市投融资主体的功能、国有资产运营的功能都代表企业，还有一部分业务以公益性为主，一定程度受到地方政府的干预。当企业被赋予自主决策空间却又不是百分百的自由时，如何协调独立性与政治性是企业定位的关键。

2. 企业的信用建立

2015年之前，城投公司作为地方政府的附属，在外界的眼中基本不具备企业属性，虽然在金融市场募集资金还是会按照一般程序接受中介机构的信用资质审核，申请银行贷款需要资产审核，需要提供一定的抵押物，公开市场融资也需要评级机构给出相应主体评级或债项评级。但由于企业定位特殊的客观原因，且城投公司自视为政府下属部门而对市场规律不够重视，使得实际上，任何一家中介机构对城投公司信用评分时，关注更多的还是地方政府的财政实力以及对城投公司的直接支持力度。

国发〔2014〕43号文之后，被动剥离政府融资职能、实行政企分开，城投公司在业务转型的同时就要面对市场的各种质疑和否定。企业信用缺乏与融资成本的降低诉求，是企业在转型的过渡期面临的另一个难题。另外，稳增长压力下，政府还存有的任务摊派现象，新增的公益性项目对于城投公司无异雪上加霜。

面对积淀已久的历史问题、艰难推进的转型以及稳增长压力，城投公司的企业信用建立将是一个漫长的过程。

3. 企业存量债务与新增债务的安排

经过2014年的债务甄别，城投公司与地方政府债务正式划清界限。截至2014年年底，地方政府负有偿还责任的债务规模为15.4万亿元，或有债务8.6万亿元。但实际上，在长期的负债过程中，资金使用混乱、不断借新还旧造成了债务的主体很难百分百确定。而在债务确定之际，各个省份也存在"打折"现象，将企业上报的政府性债务规模做"减法"。相当一部分上报债务被定义为企业债务，如果不能通过置换的方式化解，这部分存量债务未来将需要以企业现金流来偿还，将是长期悬在城投公司头上的利剑。

更需要关注的是，存量债务之外，2015年之后新增的企业债务也处于模糊地带。根据国发〔2014〕43号文的规定，2015年开始，企业的新增债务都不纳入地方政府债务范围，都需要企业以自身现金流偿还。新规实施之初，2015年前三个季度，城投公司出于对未来债务的担忧，对于新增投资以及融资都变得谨慎。表现在融资数据上，2015年，新增投资挂钩的企业债发行大幅缩水。但随着经济增速下滑压力不断增加，

■■■■■■ **城投再来**

城投公司又一次向地方政府的需求管理让步。从 2015 年 5 月份的国发〔2015〕40 号文开始，城投公司的融资政策逐渐放松，企业融资渐渐活跃，四季度城投公司企业债发行 840.4 亿元，相比三季度增加 390 亿元，2016 年一季度企业债发行 1869 亿元，同比增长了 133%。

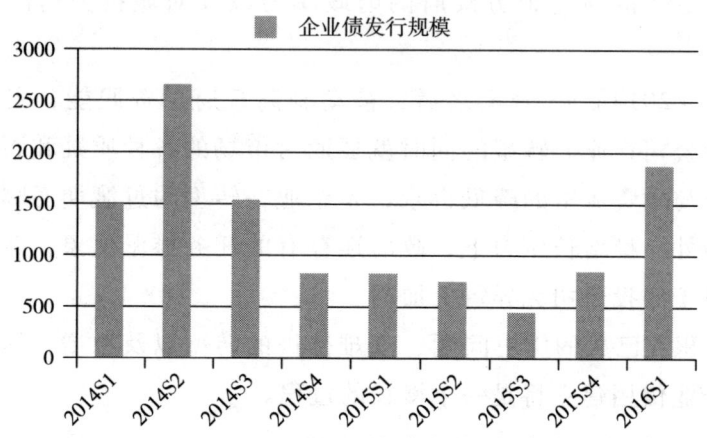

图 8-1 2015 年城投公司企业债发行经历过山车

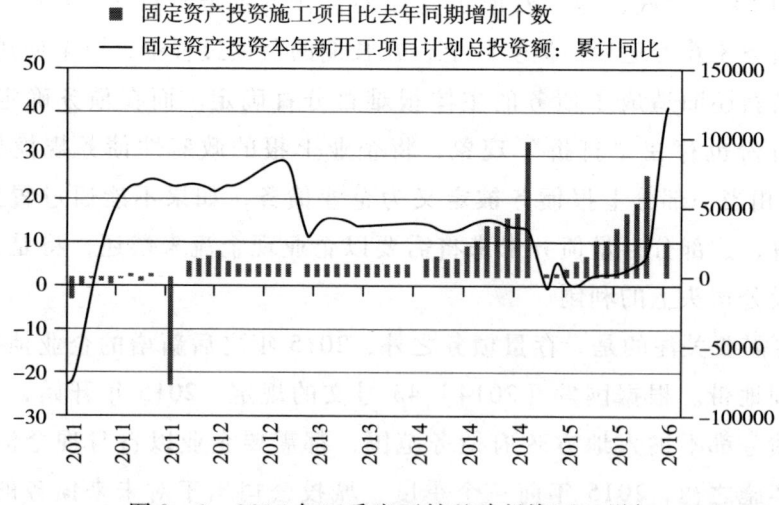

图 8-2 2015 年四季度开始基建投资开工增加

从新增企业债募集用途来看，公益性项目与准公益性项目均有涉及，前者如市政道路、土地一级开发、安置房、园区基础设施建设等，后者有停车场、城市地下综合管廊、保障房、养老产业等，所涉及项目或者无法产生现金流，或者现金流不足以覆盖企业成本。实质上，相对2015年之前的投资领域，城投公司的业务并没有明显的改善。这意味着城投公司完全以企业信用参与地方政府建设任务，且没有地方政府的担保，债权人所承担的风险相比2015年前反而增加了。如果没有规范的收入保障设计，这种略显激进的融资行为很可能在未来演化为债务风险。

基于城投转型的城市建设新格局

一直以来，城投公司都是毁誉参半，且负面争议更多，包括任意占用地方政府信用、挤占有限的金融资源、过度融资导致地方政府债务规模过大……尤其在2009~2010年的基建浪潮退去之后，针对地方政府债务问题的处理，城投公司上则受到各个监管部门的一致性"打击"，下则背负预算软约束、无度借钱的舆论压力，而其在稳定经济增长中发挥的作用却无法抵消自身所产生的负面影响。从企业自身出发，市场化转型是城投公司长期发展的内在需要。

2014年新《预算法》修订完成，可以看作城投公司转型的外在推动力。与1994年分税制改革完成，地方政府财权上移、事权上移的制度安排导致城投公司产生、发展的情形相似，修订后的《预算法》引发地方政府预算管理制度完善、地方政府投融资体制改革，直接造成城投公司的企业职能发生变化。正是由于产生背景、企业身份的特殊性，城投公司的发展方向与城市建设的投融资体制、发展模式以及发展阶段息息相关。反过来，城投公司的转型成功与否也决定了未来城市投融资能否尽快走出过去的不健康模式。

顾名思义，城市建设的投融资体制主要解决的是"投资"和"融资"的问题，而这背后需要考虑的是三大细节：主体是谁？如何投资？

从哪儿融资？过去地方政府作为最主要的投资主体，不能举债融资的限制迫使其设计出城投公司这一特殊的主体，代替地方政府到金融市场以企业的名义直接或者间接获取各类建设资金，再将资金转移给地方政府具体投资部门使用。彼时地方政府的投资与融资是完全割裂的，融资主体与投资收益不相关，投资主体对融资成本不重视，从而造成地方政府债务规模过度增长。准确来说，城投公司造成的地方政府债务问题，并不直接来自城投公司自身，而是制度缺陷造成的必然结果。

站在2015年新《预算法》正式实施的节点上来看，短期内，城投公司还处于传统发展模式，强制要求城投公司转型并从融资层面收紧审核监管，对于城投公司的利空远远大于2010年的政策变化。但2015年相关的过渡性政策不断出台，一定程度上缓解了城投公司的紧张状态。对于城投公司来说，抓住政策缓冲期，加快主动转型的步伐，并积极寻求地方政府的转型支持，是企业走上长期稳健发展道路的唯一选择。

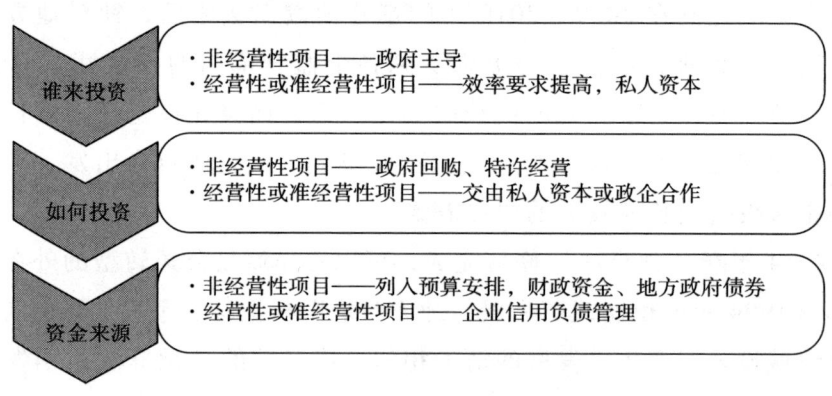

图8-1 城市建设投融资智能分配

从政府角度出发，要理清政府与城投公司之间的关系，需要从城市建设的投融资体制改革出发。地方政府真正需要做的，不是简单地决策城投公司存废的合理性，而是在规范地方建设投融资体制的前提下，帮助城投公司做好企业定位，使其更好地生存和发展。正如书中所讨论的，在企业管理规范的前提下，城投公司依然能够成为城市建设重要的投融资主体和国有资产运营主体，进而成为地方政府的有力助手。从国发〔2014〕43号文以及2015年政府对于基础设施建设的各个指导文件来看，政府对于城市建设投融资新格局已经有了较为清晰的规划：未来城市建设，将是有举债融资职能的地方政府和社会资本共同参与的格局——前者负责公益性项目建设的融资和投资，后者参与投资收益能够覆盖成本的经营类基建项目，而能够产生一定现金流但不能完全覆盖成本的准经营类项目，则由二者合作投资建设。

经济下滑带来财政收入增速放缓甚至是负增长，赤字管理可能让财政收支仍然存在一定缺口，资金的压力会造成地方政府对城投公司转型的支持力度减弱，但如果仅以眼下的支出压力作为关注点，而忽略长期发展，这与新《预算法》主张"建立跨年度预算平衡机制"也是冲突的。稳定的财政收支管理是以合理的投融资计划安排、完善的投融资体制为基础的。只有做好制度上的长期安排，才能避免出现地方政府债务的无序增长。城投公司的转型，不仅仅是这类特殊企业主体的问题，其转型的成功同样也是我国城市建设投融资体制转型城投的重要环节。

后 记

李云霏

说起创作《城投再来》这本书，萌生于国发〔2014〕43号文发布以后，笔者因为工作原因接触多个省份、不同行政级别、不同类型的城投公司，过程中与形形色色的企业及其管理者了解了20余年来城投公司这样一个具备中国特色的存在，其作为中国城镇化进程中无法忽略的重要推动力量，却因为与地方政府之间模糊的关系饱受争议，时不时地被推到舆论的风口浪尖。国发〔2014〕43号文一出，不同地区、不同的企业（纯融资平台也好，兼顾投融资的平台也罢）似乎一下子走到了一个"非改即死"的关口，接下来到底该怎么办？要不要改？怎么改？无论笔者走到哪里，都会遇到抱有同样问题和焦虑的城投公司。由此，笔者想到将"城投转型"作为一个研究课题，在与企业、金融市场参与者以及政府管理者的交流中，发现问题并寻找可能已经存在的成功转型路径，最后把所见、所闻、所感和所想，用文字的形式呈现出来。

回想起来，在"城投转型"提出的最初几个月（至少2015年5月份之前），无论是企业、政府部门还是金融市场参与者，都被政策的巨大变动搞得紧张不已。首先是企业自己，国发〔2014〕43号文出台后，发改委发债条件收紧、证监会质押新规出台，多年来"只要融资就不缺钱"的惯例一下被打破，任何资质的企业都难以再对自身发展抱有乐观的"预期"，毕竟这一次与2010年、2013年的两次债务审计后银行贷款收紧不一样。其次，政府部门也不好过，虽然被赋予举债融资的职能，但是严格控制赤字率的前提下能够发债的额度也不高，2015年新增债券5000亿，2016年增加至11800亿，相比之前动辄万亿的资金募集量，失去城投公司的地方政府无异于断了一只胳膊。而对于金融市场来说，没有了政府信用背后的支撑，银行、债券投资者以及信托公司等债权人手中所持有的存量债务，信用资质断崖式下跌，即使之前相关债务已经提供了较高的收益率，对于一个几乎没有自主经营基础的债务人而言，7%甚至更高的收益率也不能算是一个合理的风险定价水平。

  2014年11月至2015年年初，对于上述三方确实是一个煎熬的时间段。不过从5月份开始，情况有了微妙的变化。从当时公布的各类经济数据来看，经济下行压力到了一个不得不考虑再次利用基建稳定经济增长的时间节点：单从投资数据看，2015年5月工业增加值仅为5.9%，固定资产投资增速也断崖式下行至12%。究其原因：一方面，过去房地产和基建繁荣留存的过剩产能将长期面临去化压力，制造业毫无资本开支的动力；房地产自身尽管政策频出，销售也似有回暖，但开发商对于其可持续性始终存疑，高企的待售和在建面积意味短期内还需继续以去库存为主，外加出口遭遇实际有效汇率攀升、劳动力成本上升以及全球贸易再平衡等压力，通过基建投资实现稳定经济增长的必要性显而易见。实际上，这一领域也受制于财政、土地出让双放缓，PPP短期替代不了城投公司融资功能，表现出前所未有的压力。从当时的融资数据看，4月份新增人民币贷款同比增加3.87%，环比减少18.90%，直观地体现了经济下行压力的不断增加。这个时候，义无反顾地削去城投公司长年以来根深蒂固的"城市建设投融资"主体角色是不是最佳选择？各方人士也有新的看法。

  2015年3月底开始，以基础设施项目建设为依据，发改委逐渐放宽了企业的融资环境，包括四个专项债的提出、5月份发改办财金〔2015〕1327号文以及6月份的补充，其实对于以投资为导向的融资需求反而较国发〔2014〕43号文之前有了进一步的优惠，包括发债主体门槛降低、募集资金用途增加可用于偿还银行贷款和补充盈余资金的比例等，对此，有不少人觉得这只是在眼下经济压力比较大的情况下使出的权宜之计。在笔者看来，虽然有这方面的因素，但是背后更说明了一个问题：基础设施投资建设天然存在的强公益性，难以在短时间内通过行政手段建立一个清晰的盈利模式，并吸引足够多的私人资本参与其中，而这也是PPP在基建领域落地缓慢的重要原因之一，毕竟市场资金是逐利的。那么，城投公司能够在融资政策上又一次享受优惠，其实也是对其历年来形成的城市建设职能的认可。从这一方面看，城投公司依然具备存在的价值和发展的依据，但前提是修正以往制度不完备造成的种种漏洞。笔者相信，这才是"城投转型"的应有之义，而不是简单的因为企业造成了政府债务而直接否定它。

也是抱着这样的观念，笔者希望能通过多地的走访、多方的交流，向市场投资者反映出更真实的城投公司，进而推动金融市场对城投公司的融资工具定价更加合理化。但是过程中发现，众多企业中，提到"转型"有心无力者，债务累累无计可施者，抑或对市场大势充耳不闻按地不动者，比比皆是。虽然政策催得紧，但落实到企业的实际行动却难见实效。不过实事求是地说，"转型"进展得慢，一方面是意愿的问题，另一方面也是能力的问题。城投公司毕竟是在地方政府的主导下经营发展了20多年，从一开始就没多少自主选择空间，一时之间大开"自主之门"确实有些强人所难。做什么，怎么做，都不是一纸文件就可以回答得了的，这主要是能力的问题。意愿方面，企业和地方政府也是不足的，长期处于政府庇护下的城投公司一直不用考虑成本控制、经营效率问题，生存状态不能不说惬意，要一下暴露在充满竞争的市场环节中，下意识排斥能够理解。而地方政府也找不到积极推动城投公司结束投融资功能尤其是融资职能的动力，当然最直接的因素还是财政收入下滑，而支出责任提高，导致收支缺口不降反增的尴尬。既然是地方政府职能的延伸，那么城投公司的转型就更应该是一个自上而下的过程，现在看来，实际的操作过程中地方政府没有动力，企业自身也没有意愿和能力，也就不能期待短时间内看到转型的效果。

不过，改革是不会走回头路的，新《预算法》之后地方政府融资职能的确立，是城投公司转型的政策推动力，而城市投资建设内在结构的变化、建设空间的缩小却是其转型的最大内在驱动力。我们从2016年城投公司发行企业债的募集资金用途上也能窥见一二。过去，地方政府能够轻轻松松拿出场馆建设、室内公路、地下管网、轨道交通等类似的大型项目，动辄几十亿的投资规模不在话下，因为那时候城镇化建设的空间远没有见顶，不同城市总能找到自己的基建短板。而2016年城投公司发行企业债（这部分融资必须对接投资项目），其募投领域在全国范围内难得一见地出现同质化，各个城市的企业都集中于棚改、轨道交通以及停车场、地下综合管廊建设等发改委提及的可发行专项债特定领域，不同城市的重点建设领域却一致，是不是不能让人信服？当人口增长高点已过、人口流动逐渐稳定，城镇化的速度也必然迎来回落，逐渐减小的建设空间意味着城投公司的投资职能被动弱化。如果把城市建设看作一个特殊的行业，2008～2010年则是最后的高点，然后逐渐滑落，现在就是面临着行业集中度提高、结构转型的转折点。

因此，转型是城投公司在"城市建设"这个特殊行业变革之际的必然选择，政策指引是压力也是动力，接下来需要地方政府与城投公司一起行动。不过正如前面所说，现在大部分地方上下都还没有一致行动起来，也缺乏足够的理论指导以及可学习的成功案例。这也是创作这本书的一个主要出发点。本书主要记录并总结了笔者在与各地政府部门、城投公司交流中了解到的转型实施的实际困难，汲取了部分已经做出尝试地区的成功经验，也总结了他们的失败教训，同时呈现出其他市场参与者对于城投公司的看法、对城投公司转型的期待和忧虑。如果书中的一些内容能够为众多站在转型路口的城投公司提供一些有建设性的建议或者参考，将是笔者莫大的荣幸。